|栽培の教科書シリーズ|

ブロメリア

美しいブロメリアの世界
世界の美しい品種を
一挙紹介

Introduction

色彩や模様、形状にさまざまなバリエーションをもったブロメリアの仲間たちはコレクションとして楽しむのも最適。好みやインテリアにあわせて色とりどりのブロメリアをコレクションしてみてはいかがだろう。

着生植物であるブロメリアは流木に着生させたり、寄せ植え、テラリウムとあらゆる栽培の方法で楽しむことができる。また花を咲かせたり、子株が殖えたりと四季折々の楽しみ方ができるのも大きな魅力である。

CONTENTS

Chapter 1 ブロメリアの基礎知識 ……………………………… 008
多彩なブロメリアの種類 …………………… 010
ブロメリアの故郷を知る …………………… 012
ブロメリアのライフサイクル ……………… 015

Chapter 2 ブロメリア図鑑 ………………………………………… 016

ネオレゲリア	018	ヘクチア	063
エクメア	033	アルカンタレア	064
ビルバージア	037	デウテロコニア	065
フリーセア	042	エンコリリュウム	066
グズマニア	044	エドムンドア	067
ホヘンベルギア	046	ファーンシーア	068
クリプタンサス	048	ネオグラジオビア	069
ディッキア	053	ニドゥラリューム	070
ケスネリア	058	ブロメリア	071
カニストラム	060	プヤ	072
カトプシス	061	ポルテア	073
オルトフィタム	062	ティランジア	074

Chapter 3　ブロメリアの育て方 ……………………… 078
　　　　　用土 ……………………………………… 080
　　　　　置き場所 ………………………………… 081
　　　　　水やり …………………………………… 082
　　　　　季節に合わせた管理 …………………… 084
　　　　　殖やしかた ……………………………… 086
　　　　　ブロメリア栽培のQ&A ………………… 088

Chapter 4　ブロメリアのアレンジ ……………………… 090
　　　　　流木を使ったポット種の吊り下げアレンジ …… 092
　　　　　タンク種の寄せ植えアレンジ ………… 096
　　　　　グラウンド種の寄せ植えアレンジ …… 098
　　　　　小型容器で楽しむアレンジ …………… 100
　　　　　流木を使ったティランジアアレンジ … 102
　　　　　水槽を使ったテラリウムアレンジ …… 106

Chapter 5　ブロメリアを求めて ………………………… 114
　　　　　ブロメリアを求めて …………………… 116
　　　　　REPORT IN Keis Bromeliads …………… 124

　　　　　植物名さくいん ………………………… 126

Chapter 1
ブロメリアの基礎知識

ひとくくりにブロメリアといっても実は数多くの属で構成されたグループでさまざまな品種が南米などアメリカ大陸を中心に分布する熱帯植物である。そんなブロメリアの分類や分布、ライフサイクルなど、まずはブロメリアのことを知ることからはじめよう。

Chapter 1-1

多彩なブロメリアの種類

たくさんの種類が知られ、個性的な色彩やフォルムが楽しめるブロメリアの仲間たち。
生育スタイルの違いから大きく3つのタイプに分けられます。
それぞれの種が進化して獲得した、機能的で美しい姿といえます。

　ブロメリアとはブロメリア科に属する植物の総称です。そのなかに食用のパイナップル（Ananas comosus）が含まれるため、パイナップル科、もしくはアナナス科と呼ばれることもあります。現在ブロメリア科は8つの亜科と58の属に分類されていて、約3200種が存在しています。主にアメリカ大陸、西インド諸島の熱帯、亜熱帯地域に自生しています。以前の日本ではなじみの薄い植物でしたが、近年その独特なヴィジュアルで人気を集め、珍しい種類も数多く流通するようになっています。

　多くの種類が知られているブロメリアですが、その生育スタイルの違いから大きく3つに分けることができます。ロゼット中心部に水を溜めることができる「タンクブロメリア」と、地面に根を張って育つ「グラウンドブロメリア」、そして樹木などに着生して葉から水分を吸収する「エアブロメリア」です。

　タンクブロメリアは、ネオレゲリア属、フリーセア属、エクメア属、ビルベルギア属、ホヘンベルギア属、ブロッキニア属、カニストラム属、カトプシス属、ポルテア属、ケスネリア属などが該当します。根は自身の固着のために優先的に使用され、根から積極的に水分や養分を取り入れることはほとんどありません。大きな特徴は、中心部に水が貯まるように上手く組み合わされた漏斗状のロゼットにあります。このロゼット中心部の空間が貯水タンクとなり、そこに貯まった雨水や、タンク内に沈む有機物から、水分や栄養分を取り入れて生長します。

　グラウンドブロメリアの代表種は、ディッキア属、クリプタンサス属、エンコリリウム属、プヤ属などです。積極的に地面に根を下ろし、一般的な植物と同様、発達した根のシステムを用いて水分や養分を吸収しています。熱帯低地の雲霧林帯に分布する好湿潤タイプのほか、多肉質の葉をもつ好乾燥タイプ、標高の高い冷涼な地域に自生する山岳タイプに分けられます。

　エアブロメリアは、エアプランツとして人気の高いティランジア属がこれに当たります。タンクブロメリアと同様、樹木などに着生して生育する植物ですが、これらの植物は貯水タンクを持たず、その代わりに

● ブロメリアの分類表
ブロメリア科は8亜科58属に分類され、約3200種類が知られる大きなグループです。

ブロメリア亜科 Bromelioideae	アカントスタキス属 Acanthostachys　エクメア属 Aechmea　アナナス属 Ananas　アンドロレピス属 Androlepis　アラエオコックス属 Araeococcus　ビルベルギア属 Billbergia　ブロメリア属 Bromelia　カニストロプシス属 Canistropsis　カニストラム属 Canistrum　クリプタンサス属 Cryptanthus　ディナカンソン属 Deinacanthon　ディステガンサス属 Disteganthus　エドムンドア属 Edmundoa　エドゥアンドレア属 Eduandrea　ファシクラリア属 Fascicularia　フェルンシーア属 Fernseea　グレイギア属 Greigia　ホヘンベルギア属 Hohenbergia　ラパンサス属 Lapanthus　リーマリア属 Lymania　ネオグラジオビア属 Neoglaziovia　ネオゲラリア属 Neoregelia　ニズラリウム属 Nidularium　オカガビア属 Ochagavia　オルソフィツム属 Orthophytum　ポルテア属 Portea　プセウドエクメア属 Pseudaechmea　プセウドアナナス属 Pseudananas　ケスネリア属 Quesnelia　ロンベルギア属 Ronnbergia　ウルスラエア属 Ursulaea　ウイットロッキア属 Wittrockia
ブロッキニア亜科 Brocchinioideae	ブロッキニア属 Brocchinia
ヘクティア亜科 Hechtioideae	ヘクティア属 Hechtia
リンドマニア亜科 Lindmanioideae	コンネリア属 Connellia　リンドマニア属 Lindmania
ナヴィア亜科 Navioideae	ブレウカリア属 Brewcaria　コッテンドルフィア属 Cottendorfia　ナビア属 Navia　セクエンシア属 Sequencia　ステイエルブロメリア属 Steyerbromelia
ピトカイルニア亜科 Pitcairnioideae	デウテロコニア属 Deuterocohnia　ディッキア属 Dyckia　エンコリリウム属 Encholirium　フォステラ属 Fosterella　ペピニア属 Pepinia　ピトカイルニア属 Pitcairnia
プヤ亜科 Puyoideae	プヤ属 Puya
ティランジア亜科 Tillandsioideae	アルカンタレア属 Alcantarea　カトプシス属 Catopsis　グロメロピトカイルニア属 Glomeropitcairnia　グズマニア属 Guzmania　メゾブロメリア属 Mezobromelia　ラシナエア属 Racinaea　ティランジア属 Tillandsia　フリーセア属 Vriesea　ウエラウヒア属 Werauhia

葉面吸収を目的とする、よく発達したトリコームと呼ばれる鱗片を備えています。それを利用して大気中の水分を体内に取り入れています。その鱗片を纏った植物の外観が銀色、もしくは灰色に見えることから、この仲間は一般に「ティアランジア銀葉種」と呼ばれています。

ブロメリアの仲間は、自生する環境に合わせてさまざまな方法で水分や栄養分を確保しようと進化し、それにあわせて現在の魅力的な姿になったといえるでしょう。

中心部に水を溜めて育つ
タンクブロメリア。

地表に根を張って育つ
グラウンドブロメリア。

空気中の水分を吸収して
育つエアブロメリア。

Chapter 1-2

ブロメリアの故郷を知る

ブロメリアの仲間はどこからやってきたのでしょうか。
その自生する環境を知っておくことは、栽培するうえでとても大切なこと。
遠く離れた故郷に思いを寄せて、適切な栽培環境を整えましょう。

　ブロメリアは熱帯性の植物です。おもに中米と南米を中心としたアメリカ大陸、カリブ海に浮かぶ西インド諸島の熱帯、亜熱帯地域に自生しています。この地域は、乾燥した砂漠地帯から、湿度の高い森林地帯まであり、さまざまな環境に分布していることがわかります。
　湿潤な環境で暮らすグループには、エクメア属やネオレゲリア属、フォステラ属、ピトカイルニア属、ラシナエア属などがあげられます。この仲間はおもに熱帯地域のジャングルに自生していて、基本的にやや高い湿度のある環境を好みます。
　タンクブロメリアのほとんどがこのグループで、比較的湿潤な環境で暮らしています。栽培ではタンク内に貯水されていれば、簡単に枯れませんが、水苔などで根を覆うと極度の乾燥を防ぐことができるでしょう。一方、グラウンド種のクリプタンサスは乾燥に弱いため、栽培時には用土の水切れに注意し、比較的頻繁な水やりが必要です。また、低地原産のものの多くは、耐寒性に乏しいのも特徴で、冬期の栽培には温度管理が必要になるケースがあります。

おもなブロメリアの分布図

　湿度の低い乾燥地帯で暮らすグループには、ティランジア属やディッキア属、ヘクティア属などが代表種です。これらはおもにメキシコやブラジルの高地、アンデス山脈などのやや乾燥した地域に分布しています。
　エアプランツと呼ばれるティランジア亜科の多くがこのグループです。特殊に進化したトリコームをもつ葉の表面から水分を取り込んで生長します。グラウンドブロメリアでは、多肉質の葉を持つ種が多くみられます。根はよく発達していて、厳しい乾燥にも耐えます。しかし、サボテンなどの多肉植物に比べるとやや耐乾燥性に劣るので、とくに春から秋にかけての生長シーズ

ヘクチアの自生地、メキシコ南部。サボテンやアガベ、ストリクタ、ユッカ、ダシリリオンなどと混生している。

ティランジアが自生するメキシコ南部。シルシンナトイデスとマコヤナかダシリリフォリアと思われる種。

ンには十分な水やりが必要になるでしょう。

このほか、プヤ属の一部やデウテロコニア属など、冷涼な気候の山岳地域に自生する種類もあります。これらは夏の高温が苦手なタイプなので、夏越しの工夫が必要となります。それぞれの種類が自生する環境をイメージして、栽培に役立てるとよいでしょう。

キューバにて。エクメア・ヌーディカウリスが木の枝に着生している。

Chapter 1-3

ブロメリアのライフサイクル

ブロメリアは一生に一度だけ花を咲かせるという性質をもっています。
上手に育てることで、生涯に一度の美しさが楽しめます。
また、子株を育てることで簡単に株分けすることが可能です。

　美しい花を咲かせる種類が多いブロメリアの仲間。ブロメリアの多くは一生に一度だけ花を咲かせる一回結実性植物です。生涯に一度だけ開花、結実し、実生によってのみ、世代交代を果たすという性質があります。花を咲かせた親株はいずれ枯れてしまい、結実したタネから子孫を殖やします。しかし、ほとんどの種類で親株が枯れるまでの間に葉腋などから子株を出すので、株分けによって繁殖させることが可能です。

　ブロメリアは状態よく育つと、その姿からは想像できないほど、色あざやかな花苞をもった花や、可憐な花が咲きます。魅力的な花は、ブロメリアを育てる楽しみをより一層広げてくれます。また開花の前後に見事に色づく紅葉も楽しめます。

ティランジアも状態よく栽培できれば美しい花が咲く。

根元などから子株ができて生長する。これを株分けするとよい。

小さな子株が複数生長して大株になったティランジア。

ビルバージア・ブラジリエンスの花。華やかな色彩が美しい。

Chapter 2
ブロメリア図鑑

数多くの種類の中から美しく個性的で初心者にも育てやすい品種。そして手に入り易い品種をセレクト。総合計206品種の様々なタイプのブロメリアの仲間達を紹介。色彩や形状のバリエーションが豊富なブロメリアの世界を堪能しよう。

ネオレゲリア
Neoregelia

様々なスタイルと美しい色彩が人気で非常に多くの交配品種が有り、7256品種以上もの登録品種が作られております。殆どの品種は、着生品種で流木などに取り付けて観賞する事が出来ます。

ネオレゲリア・ファイヤーボール
Neoregelia Fireball

古くから生産されている品種である。非常に丈夫で株元からランナーを伸ばしてよく群生していきます。炎のような赤い葉色を保つには光が重要で、光量不足では、緑色の葉になってしまいます。サイズが10センチ前後の為、小型のテラリウム水槽のレイアウトにも人気があります。

ネオレゲリア・ウイルソニアーナ レッド
Neoregelia wilsoniana Red

ブラジルはバイア州に生息している原種である。レッドと呼ばれているものは、より赤く葉が色付く選抜個体です。小型の品種で、多くの交配品種に使用されている片親です。成長はゆっくりと遅めであるが丈夫で育て易い。

ネオレゲリア・ウイルソニアーナ
Neoregelia wilsoniana

小型の品種、南米ブラジル、バイア州原産の原種である。左のレッドの個体よりも光が強いと葉は黒く色付きます。親株から産まれて来る子株の葉は非常に細長くひょろひょろで頼りないが、次第に太い葉に代わっていきます。

ネオレゲリア・モロナ
Neoregelia Morona

中米はコスタリカの育種家Chester Skotak氏作出。N.pendura×N.roseaの交配品種。ランナーを長く出して成育する為、ハンギングバスケットや吊り鉢、流木に着生させて吊るして育てると良い。低温に弱い為、冬場は暖かい室内管理がオススメです。

ネオレゲリア・エッチ ア スケッチ
Neoregelia Etch-a-Sketch

ハワイの育種家Lisa Vinzant氏作出。N.punctatissima rubra×N.pascoalianaの交配品種。パスコアリアーナの血筋が入っている為、サイズは中型クラス。光によく当てて育てると、葉の模様が濃く出てきます。

ネオレゲリア・カクテル
Neoregelia Cocktail

オーストラリアの育種家Shane Zaghini氏作出。N.Gee Whiz×N.olensの交配品種。葉はガッチリと硬く中型サイズ。開花する時に最高の発色になります。テラリウムで管理する際は、ライトに近い方が綺麗な色になります。

ネオレゲリア・トレードマークス
Neoregelia Treadmarks

ハワイの育種家Lisa Vinzant氏作出。N.Flash Point×(N.Screaming Tiger×N.Tiger)の交配品種。黄緑と濃い赤色のバンド模様が美しく人気がある。上手に育てると30センチ近くになることもあるが、通常は20センチくらい。

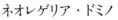

ネオレゲリア・ドミノ
Neoregelia Domino

アメリカの育種家 Gary Hendrix氏作出。N.chlorosticta×pauciforaの交配品種。小型で可愛らしい品種。赤黒い葉色に黄緑色のドット柄。明るい光に当てて育てると美しく保てます。

ネオレゲリア・エンチャントメント
Neoregelia Enchantment

オーストラリアの育種家 Larnach R.氏作出。写真右は、バリエガーダの斑入りタイプ。その他、アルボ マルギナータも作られているが、交配親は不明となっております。写真左は、アルボ マルギナータの覆輪タイプ。その他、バリエガータタイプも作られているが、交配親は不明となっております。どちらも非常に美しい品種だが数が少ない。30センチ程度の大きさに成長します。

ネオレゲリア・パウシフローラ
Neoregelia pauciflora

ブラジル原産の原種。小型で可愛らしく人気品種。環境に合うと、爆発的に群生します。枝垂れて生育するので、ハンギングバスケットや吊り鉢で吊るして管理がオススメです。やや湿度が高い方が生育が良いです。カラカラに乾燥させないようにしましょう。

ネオレゲリア・ダングシアーナ
Neoregelia dungsiana

ブラジル原産の最小サイズの原種。小さなネオレゲリアで人気が有ります。光を強めにしてガッチリと育てると良いでしょう。よく増えて群生していきます。乾燥させすぎると生育が悪くなってしまうので、小さい分注意が必要です。

ネオレゲリア・ガスパチョ
Neoregelia Gespacho

フロリダの育種家Bullis氏が作られたとされている。古くからある品種ですが、交配親が正確には不明。おそらく、N.chlorosticta×N.Fireball と考えられています。中型サイズ。

ネオレゲリア・レオ
Neoregelia Leo

中米コスタリカの育種家Chester Skotak氏作出。残念ながら、交配親は不明。明るい色彩の斑入り品種である。斑が強いので、直射日光下では葉が焼けやすいので遮光が必要です。中型サイズ。花が咲く時には中心から赤く色付いてきます。

ネオレゲリア・マドリード
Neoregelia Madrid

アメリカの育種家Coolbaugh氏作出。N.marmorata×N.Avalonの交配品種。葉幅が広く赤い葉に黄緑色のドット柄で美しい。中型サイズ。

ネオレゲリア・ブードゥードール
Neoregelia Voodoo Doll

アメリカの育種家Grant Groves氏作出N.Cranberry×N.Purple Starの交配種。パープルネオンカラーの色彩で非常に美しい品種。光量が弱いと葉がグリーンになってしまいます。

ネオレゲリア・クリストファーロビン
Neoregelia Christopher Robin

ハワイの育種家Lisa Vinzant
氏作出。N.olens×N.Trasure
Chestの交配種。20センチく
らいまで育ちます。鮮やかな
色彩を保つには、明るい光が
必要です。テラリウムにも最
適です。

ネオレゲリア・ブラッシングタイガー
Neoregelia Blushing Tiger

ハワイの育種家Lisa Vinzant氏作出。N.carolinae Per
fecta×N.Marnier-Lapostolle F220センチくらいまで
成長します。サイズと美しさから非常に人気品種です。
開花時期はかなり全体的に赤色に染まります。

ネオレゲリア・パウシフローラ ラージクローン
Neoregelia pauciflora large clone

ブラジル原産。 普通種の倍近くの大きさに成長しま
す。普通種よりは増え難く成長も遅い。ハンギングバ
スケットや吊り鉢にて栽培が最適です。枝が垂れてき
たら全体的にシャワーで水を与えて全ての株の葉の中
に水を貯めて栽培すると良いです。

ネオレゲリア・リトル ボディシャス
Neoregelia Little Bodacious

中米コスタリカの育種家Chest
er Skotak氏作出。アルボ マル
ギナータ 覆輪の模様が美しい
リリプティアナの交配品種。小
型のミニネオレゲリア 新しい
品種の為、まだ高価である。育
てるのは容易です。

ネオレゲリア・ゴールドフィーバー
Neoregelia Gold Fever

オーストラリアの育種家Grace Goode氏作出。35センチくらいに成長する中型品種。葉が密に密集してコンパクトなロゼット形で美しく成長します。葉の先端はピンク色に染まります。

ネオレゲリア・ブラック サテン
Neoregelia Black Satin

ハワイの育種家Lisa Vinzant氏作出。(N.Hannibal Lector×N.Foster's Pink Tip)×Blueberry Tigerの交配品種。40センチくらいまで成長します。光は強めの管理でかなり赤黒く濃い色に染まります。

ネオレゲリア・スーパーアステカ
Neoregelia Super Aztec

アメリカの育種家Jim Irvin氏作出N.Big Bands×N.Marconの交配品種。普通種のアステカに似ていますが、交配親が違います。中型品種。

ネオレゲリア・ビンギト
Neoregelia Bingito

アメリカの育種家Bill Baker氏作出。N.Bingo×N.Bingo から交配したF2。非常に光沢のある葉。黄緑色に濃い赤い模様が散りばまれております。中型品種。

ネオゲリア・スパニッシュサンセット
Neoregelia Spanish Sunset

オーストラリアの育種家Shane Zaghini氏作出。葉の広がりロゼットは50センチ程に成長する大型品種。光沢のある、黄緑色のまだら模様が美しく葉先は真っ赤に色付きます。

ネオゲリア・トロピカルツイスト
Neoregelia ToropicalTwist

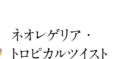

オーストラリアの育種家Sharon Paterson氏作出N. Princess Di×N.Royal Grandeの交配品種。サーモンピンクの葉色に赤い模様が入ります。40センチ以上に成長するやや大型品種です。光線加減で素晴らしい色に色づきます。

ネオゲリア・スポット&ドット
Neoregelia Spots and Dots

アメリカの育種家DeLeon氏作出N.tristis×N.Perfectionの交配品種。斑入りで素晴らしい色彩です。やや立ち葉であまり広がらないスタイル。コンパクトだが、背丈は30センチ近くまで成長する事が有ります。

ネオゲリア・ラバ フロー
Neoregelia Lava Flow

ハワイの育種家Lisa Vinzant氏作出。N.Winnie the Pooh×N.eltonianaの交配品種です。中型サイズ。とても丈夫で育て易い。綺麗に保つには光が重要です。

ネオレゲリア・カウツスキー
Neoregelia kautskyi

ブラジル原産の原種。黄緑色の葉に赤茶色の模様で非常に美しく人気が有ります。光が弱いと模様が少なくなります。美しく育てるには強めの光が必要です。30センチ程度まで育ちます。

ネオレゲリア・ハイボルテージ
Neoregelia High Voltage

アメリカの育種家 Grant Groves氏作出。N.Hannibal Lector×N.Foster's Pink Tipsの交配品種。とても魅力的な虎模様。葉の縁はやや強めの棘が有ります。強い光で育てると黄色がかった色に虎柄の模様となります。

ネオレゲリア・シェルダンス
Neoregelia Shelldance

アメリカのシェルダンス ナーセリーより品種登録をされた品種。葉の縁が赤く色付く美しい品種です。光線が足りないと赤く色づかないので明るい場所で管理します。生育は緩やかですが30センチ程度まで成長します。

ネオレゲリア・ルブロビッタータ
Neoregelia rubrovittata

ブラジル原産の原種。黄緑色に赤茶色の模様が入ります。葉の先端は尖った形状をしています。光によく当てて育てると模様が濃くなり美しい。30センチ以上に成長するが、強光下でガッチリと育てるとコンパクトになります。

ネオレゲリア・ビアンカ
Neoregelia Bianca

アメリカの育種家 Ray Coleman氏の作出。N.Behemoth×N.Marianの交配品種。50センチ程度まで大きくなる大型品種です。葉幅があり魅力的です。光を強めに当てて管理していると黒に近い濃い紫色の葉色になります。

ネオレゲリア・
ロゼオ リネアータ
Neoregelia Roseo Lineata

1980年代に作られた品種。詳細は不明のままです。非常に大型になり、花が咲く時に葉は平らに広がり80センチ程度まで成長します。黄緑色に光沢のある赤い線模様が葉の両面に付きます。

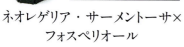

ネオレゲリア・サーメントーサ×
フォスペリオール
Neoregelia sarmentosa × Fosperior

品種名はまだ付けられていない。サーメントーサの血筋を強く引き継ぎ 黄緑色の葉に葉先が赤く色付き非常に魅力的です。30センチ程度まで成長します。

ネオレゲリア・ペンディユラ バー ブレビフォリア
Neoregelia pendula var. brevifolia

エクアドル、ペルー原産の原種。ブックリと壺型になる人気種。ランナーを長く伸ばして増えていく為、ハンギングバスケットや吊り鉢にて吊るして管理が最適です。葉は長くクルクルと伸びるが母体は10センチ程度と小型品種。 開花時に葉の中心から真っ赤に染まり非常に美しい。低温と乾燥に弱い為、冬は暖かく湿度も高めで管理が必要です。

ネオレゲリア・ペンデュラ バー ペンデュラ
Neoregelia pendula var. pendula

エクアドル、ペルー原産の原種。ブックリと壺型になる人気種。ランナーを長く伸ばして増えていく為、ハンギングバスケットや吊り鉢にて吊るして管理が最適です。葉は長くクルクルと伸びるが母体は10センチ程度と小型品種。開花時に葉の中心から真っ赤に染まり非常に美しい。低温と乾燥に弱い為、冬は暖かく湿度も高めで管理が必要です。

ネオレゲリア・モーレアナ
Neoregelia Leo

ペルー原産の原種。棘が発達していて魅力的です。この種も樹上にランナーを伸ばして枝垂れる為、ハンギングバスケットや吊り鉢で吊るしての管理が最適です。寒さには弱いので冬場は暖かい室内管理が必要です。

ネオレゲリア・プンクタティシマ
Neoregelia punctatissima

ブラジル原産の原種。レッドフォームやイエローフォーム、産地変異など多くのタイプがあります。小型の為、テラリウム水槽などで多く利用されています。光が弱いと徒長して形が乱れるので、明るい場所で管理がオススメです。

ネオレゲリア・ウォーキングトール
Neoregelia Walking Tall

オーストラリアの育種家 Grace Goode氏作出。30センチくらいに成長する中型品種。葉が重なり合い密に密集してコンパクトなロゼット形で美しい。光沢のある赤い葉に黄色のドット模様があります。

ネオレゲリア・
ビッグチェリー×コンパクタ
Neoregelia Big Cherry × compacta

品種名はまだ付けられていない。30センチ程度まで成長する中型品種。光線が強いと常に赤く色づいています。

ネオレゲリア・リラ
Neoregelia Lila

アメリカの育種家Grant Groves氏登録交配親は分かっていません。50センチ程度まで葉が広がる大型品種です。葉の中心はパステルピンク色に発色しとても魅力的な品種です。

ネオレゲリア・アルパインローズ
Neoregelia Alpine Rose

アメリカの育種家Bob Spivey氏作出。N.Meyendorffii×N. chlorosticta Marble Throatの交配品種。明るい黄緑色の色合いにまだら模様が入ります。25センチ程度まで育ちます。

ネオレゲリア・
ハーツ デザイヤー
Neoregelia Heart's Desire'

1976年にCarrone氏作出。N.Red on Green×N.pauciforaの交配品種。明るい黄緑色の葉に赤紫色のドット模様が入ります。25センチ程度まで成長する中型品種。

ネオレゲリア・トレジャーチェスト
Neoregelia Treasure Chest

アメリカの育種家 Grant Groves氏作出。N.Pink Sensation×N.Royal Burgundyの交配品種。刺激的なピンク色の発色で非常に人気の品種。30センチ程度まで成長します。

ネオレゲリア・P.H.I.T.S
Neoregelia P.H.I.T.S.

コスタリカの育種家Chester Skotak氏作出。N.Mo Peppa Please×N.Norman Batesの交配品種。強い光の下では、青緑色の葉に赤黒い斑点が無数に出てきます。40センチ程度まで成長する中型品種。

ネオレゲリア・ペミエント
Neoregelia Pemiento

コスタリカの育種家Chester Skotak氏作出。N.(carolinae×concentrica)×Royal Burgundy × Royal Burgundy斑入りの美しい品種です。光沢のある葉に赤黒く色つきとても魅力的です。光量不足では色が薄れてくるので強めの光で管理します。

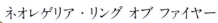

ネオレゲリア・リング オブ ファイヤー
Neoregelia Ring of Fire

ハワイの育種家Lisa Vinzant氏作出。N.correia-araujoi×N.Lambert's Prideの交配品種。黄緑色の葉に赤い模様が入ります。非常に大きくなり、葉の広がりは60センチ程に成長します。

ネオレゲリア・ブルーベリーパイ
Neoregelia Blueberry Pie

ハワイの育種家Lisa Vinzant氏作出。N. Java Plum×N.Cloudburstの交配品種。紫色に発色しとても美しいが光が足りないと緑色になってしまいます。30センチ程度まで成長する中型品種。

ネオレゲリア・シンコパテ
Neoregelia Syncopate

オーストラリアの育種家Allan Ladd氏作出。N.Meyendorfii×N.princepsの交配品種。強い光で育てるのが好ましく、ピンク色に濃いピンク色のドットが重なって色つきます。40センチ程度まで成長します。

ネオレゲリア・ランニングレッドリバー
Neoregelia Running Red River

オーストラリアの育種家 Shane Zaghini氏作出。交配親は不明。光沢のある赤い葉に濃いドット模様がはいります。30センチ程度まで成長します。

ネオレゲリア・パープルジェム
Neoregelia Purple Gem

オーストラリアの育種家 Shane Zaghini氏作出。N.Gee Whiz×N.smithii の交配品種。黄緑色の葉に赤いドット模様が入ります。30センチ程度まで成長します。

ネオレゲリア・オレンス×クレンタ
Neoregelia olens × cruenta

品種名は付いていなくこの名前で流通しています。黄緑色の葉に赤いドット模様が入る。葉先は赤く色づきます。30センチ程度まで成長する中型品種。

ネオレゲリア・アイスホワイトリバー
Neoregelia Ice White River

オーストラリアの育種家Shane Zaghini氏作出。N.Marble Throat×N.Yellow Sandの交配品種。明るい白色の目立つ美しい品種です。

ネオレゲリア・クレンタ ルブラ
Neoregelia cruenta rubra

ブラジル原産の原種。ルブラ フォームはより赤く色付きます。葉の表側は赤く色付き、葉裏は白いバンド模様が付きます。60センチ近くまで成長する大型品種です。

ネオレゲリア・パープル グレイズ
Neoregelia Purple Glaze

コスタリカの育種家 Chester Skotak氏の作出。N.carolinae×Blue Navy Blues×Blue Navy Bluesの交配品種。斑入りの美しい品種。葉幅が有り60センチにもなる大型品種。開花時期が最も美しく色づきます。

ネオレゲリア・フレディ
Neoregelia Freddy

ネオレゲリア カロリナエの選抜交配品種と言われております。オレンジ色に色つき非常に美しい斑入り品種。40センチ程度まで成長します。

ネオレゲリア・チェックメイト
Neoregelia Checkmate

アメリカの育種家James Elmore氏作出。N.Catherine Wilson×N.Takemura Princepsの交配品種。1977年に作られた古い品種。60センチ程度まで成長する大型品種。光が強い方が綺麗に育ちます。

ネオレゲリア・スウィートシング
Neoregelia Sweet Thing

アメリカのDennis Cathcart氏がブラジルより持ち帰った品種。斑入りの非常に美しい品種です。開花時期に葉が平らに広がり直径60センチ近くとかなり大きく育ちます。

ネオレゲリア・フィッシュネット
Neoregelia Fishnet

ハワイの育種家Lisa Vinzant氏作出。N.Golden Boy×N.Lehuaの交配品種。黄緑色の葉に細かい赤いドット模様が入ります。葉先は赤く色づき外側の古い葉は次第に赤くなります。

エクメア
Aechmea

原種は、約250種類現存していて、中米から南米まで広い地域に分布する。地表種も中にはいるが、80%は着生種となります。852の品種登録があり様々な品種改良が行われております。

エクメア・シャンティーニ
Aechmea chantinii

多くの品種改良が有ります。写真の個体は、シャンティーニ De Leon Dark form.葉が黒く色づき、白いバンド模様がはっきりとして美しく人気の品種です。鉢植え管理よりも流木に着生した方が良く育ちます。寒さには弱いので冬場は暖かい室内管理がオススメです。

エクメア・レインボー
Aechnea Rainbow

オーランディアナのレインボー種良く太陽に当てて育てると素晴らしい発色をします。鉢植え管理でも鉢に着生して育つ為、ハンギングバスケットや吊り鉢で吊るしての栽培が最適です。

エクメア・ヌーディカウリス
Aechmea nudicaulis

このヌーディカウリスの仲間もメキシコから南米まで広く分布しており、非常にコレクション性が有ります。こちらは、比較的小型で赤くなるルブラフォーム。気候の良い時期は、野外の雨ざらしで育てる良く育ちます。

エクメア・エンサイン
Aechmea Ensign

オーランディアナの斑入り種太陽に良く当てて育てると白い斑がピンクや赤色に染まりとても美しくなります。やはり着生させて育てるのが好ましい。丈夫で育てやすいです。湿度が高めを好み冬場の乾燥に注意しましょう。

エクメア・メディオピクタ
Aechmea Medio Picta

オーランディアナの選抜栽培品種。渋い色合いでマニアの心を動かします。着生種の為、画像のように流木に縛り付けて根を活着させると良く育ちます。やはり、光を好みます。日照不足では、葉が緑色に薄れてきます。

エクメア・ペレズ
Aechmea Perez

数あるブロメリアの中でも最も黒い葉になります。1970年に作られて、今なお人気があります。光に当てないと葉色は薄くなってしまいますが、日本の真夏35度以上の暑さを嫌います。暑い時期は木漏れ日程度の場所で管理がオススメです。

エクメア・メンド
Aechmea Mend

非常に古くから出回る品種です。1960年に作られたルーデマニアナの選抜栽培品種。白い斑は太陽光下でピンク色に染まり非常に美しく夏場のお庭に飾ると目立ちます。葉の広がりが60センチ程に成長します。寒さには弱いので、冬場は室内管理が必要です。

エクメア・シルバーストリーク
Aechmea Silver Streak

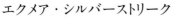

元はブラジルで採集されたヌーディカウリスの選抜種。白いバンド模様が美しく人気が有る。光を強くしてガッチリと育てると締まった姿になります。寒さには弱いので冬場は室内管理が必要です。

エクメア・コレイア アラウジョイ
Aechmmea correia-araujoi

ブラジル原産の原種。虎斑模様が美しく人気があります。着生種の為、画像様に流木等に固定して根を着生させると良いです。夏場は野外の雨ざらしにて育てると良く育ちます。寒さには弱いので冬は室内にて管理します。

エクメア・ロイヤル ワイン
Aechmea Royal Wine

アメリカの育種家故Mulford Foster氏作出。70年以上も以前1946年に作られたA.miniata v.discolor×A.victoriana v.discolorの交配種。葉の裏側は、チェリー色に染まり、葉の表側は光沢のあるグリーン色。

エクメア・ショウグン
Aechmea Shogun

1990年に日本で組織培養で作ったシャンティーニの選抜種。その名も将軍。アルボマルギナータの美しい斑入りです。これのバリエガーダ斑入りはサムライと言う品種も有り。コレクション性が有ります。寒さに弱いので、冬場は暖かい室内管理が必要です。

エクメア・フアッシアータ
Aechmea fasciata

ブラジル原産の原種。こちらはバリエガーダの斑入り種。和名 シマサンゴアナナスの名が付き、古くから観葉植物として出回っております。開花時に上がってくるピンク色の苞が美しく半年以上も鑑賞出来るのも人気の一つ。

エクメア・コリンボサ ディスカラー
Aechmea corymbosa discolor

南米に広く分布する原種。こちらは変色タイプでディスカラーと呼ばれています。葉裏はほぼ黒色。表側は光沢のある緑色の葉をしています。

エクメア・ラケット
Aechmea Rakete

1947年にドイツの育種家Ritcher氏作出。黄緑色の葉に濃い赤紫色の大きめの模様が入ります。葉の裏側は赤紫色。やや大型40センチ程になる品種です。寒さには弱いので冬場は暖かい室内管理が必要です。

エクメア・トカンチーナ
Aechmea tocantina

南米に広く分布する原産です。120センチ以上になる大型種。棘が発達していてまるでワニの様なエクメアです。葉が長く伸びやすいので日に良く当ててガッチリと仕立てると良いでしょう。寒さには弱いので冬場は暖かい室内管理が必要です。

エクメア・プルプレオロゼア
Aechmea purpureorosea

ブラジル原産の原種です。光沢のある黄緑色の葉で棘は黒く発達している。縦長の細長いスタイルが新鮮で面白い。50センチ程まで大きくなります。寒さには弱いので冬場は暖かい室内管理が必要です。

Billbergia
ビルバージア

中米から南米まで原種は104種程確認されています。品種改良登録は、1131品種と様々な品種が作られています。コレクション性が有り筒型でスペースを必要としない事も人気の一つです。

ビルバージア・ダースベイダー
Billbergia Darth Vader

ハワイの育種家Lisa Vinzant氏作出。B.La Noche x B.Domingos Martnsの交配品種。1997年に作られセンセーショナルな大ヒットした品種です。光は強い方が黒い色を保ちます。背丈は40センチ程まで成長します。

ビルバージア・ノベナ
Billbergia Novena

アメリカの育種家Bob Spivey氏作出。B.Afterglow x B.Domingos Martinsの交配品種。印象的な配色の美しさで人気がある。強い光を好み肥料は与えず時間はかかるがじっくりと育てるとかっこよくなります。

ビルバージア・サンデリアーナ
Billbergia sanderiana

ブラジル原産の原種。黒い棘が際立って発達しており緑葉も幅があり迫力があります。葉はみかけによらず柔らかい。花は枝垂れる様に咲きます。成育はゆっくりと遅い。太陽光が好きですが葉焼けを起こさない様に遮光ネットを張って光線の調整をした方が安心です。

ビルバージア・グラスホッパー
Billbergia Grasshopper

ハワイの育種家Lisa Vinzant氏作出。B.leptopoda×B.Fandangoの交配品種。黄緑色の葉に白い模様が入り明るく美しい品種です。背丈35センチ程になります。

ビルバージア・ムリエルウォーターマン
Billbergia Muriel Waterman

アメリカの育種家Mulford Foster氏作出。1946年に作られた。B.horrida v.tigrina×B. euphemiae v.purpureaの交配品種。白いバンド模様が美しくベストセラーの品種。

ビルバージア・フュメルズ　ファンタジア
Billbergia Hummel's Fantasia

1970年に作られているが交配親は不明。明るい色彩で美しい。光の加減で緑色が強くなります。比較的小型種25センチ程に成長します。

ビルバージア・ウォーターメロンマン
Billbergia Watermelon Man

ハワイの育種家Lisa Vinzant氏作出。B.Pink Champagne×B.amoena Rubraの交配品種。スイカマンと面白い命名であるが模様を観察していると西瓜に見えてくるから納得できる。背丈40センチ程になります。

ビルバージア・グルーヴィ
Billbergia Groory

アメリカの育種家故Don Beadle氏作出。B.Hallelujah×B.Domingos Martinsの交配品種。葉は硬く霜降りのクリーム色、白、褐色のマーブル模様。強い光でガッチリ育てると良いです。

ビルバージア・シンパティコ
Billbergia Simpatico

アメリカの育種家故Don Beadle氏作出。1986年に作られた。B.R.L.Frasier×B.Coloresの交配品種。背丈60センチにもなる大型品種。全体的に赤茶色にシルバーのバンド模様が入る。成育は遅い。

ビルバージア・カサブランカ
Billbergia Casa Blanca

アメリカの育種家故Bob Spivey氏作出。B.Caramba×B.Afterglowの交配品種。アイボリー色にグリーンのマーブル模様。日に当たると全体的にピンク色に染まり美しい。子株もよく産むので群生させても楽しめます。

ビルバージア・エレガンス
Billbergia elegans

ブラジル原産の原種。小型で美しい品種です。光が強いと真っ赤に色づきます。光量不足で緑色に変わっていきます。

ビルバージア・ファンダンゴ
Billbergia Fandango

アメリカの育種家故Don Beadle氏作出。B.Colores×B.amoena v.rubraの交配品種。1984年に作られた。画像は明るい色だが、ベースカラーは強い光の下では赤橙色にクリーム色の模様が入る。40センチ程に成長します。

ビルバージア・ディアブロ
Billbergia Diablo

アメリカの育種家故Don Beadle氏作出。B.Violetta×B.C'est Bonの交配品種。1988年に作られた。紫色に色づき非常に見栄えのする品種です。30センチ程に育ちます。

ビルバージア・アリソン シル
Billbergia Allison Sill

アメリカ育種家Sill氏作出。B.pyramidalis×B.Manda's Othelloの交配品種。ピラミダリスの血筋を引き継いだ太い本格の良い品種です。光は強い方が綺麗な色彩に色づきます。

ビルバージア・オレンジ シャーベット
Billbergia Orange Sherbert

アメリカの育種家Jim Irvin氏作出。B.Pink Champagne×B.Hummel's Fantasiaの交配品種。強い光で赤橙色に白模様がピンクに染まって美しい品種。40センチ程まで成長します。

ビルバージア・アモエナ ルブラ
Billbergia amoena rubra

ブラジル原産の原種。色々なタイプが存在します。画像は赤く色付くルブラ フォーム(レッドフォーム)と同じ。棘はあまり発達はしていない。原産地では岩場や木に着生しています。流木に着生させて育てられます。

ビルバージア・マンダーズ オセロ
Billbergia Manda's Othello

1950年にManda氏が作出。交配親は、B.saundersiiのハイブリットと言われています。古い品種ながら小型で美しく今なお人気品種。濃い赤に白いドッド模様が入ります。

ビルバージア・ベルルー
Billbergia BerLu

アメリカの育種家Marty Bailey氏作出。B.amoena rubra×B.leptopodaの交配品種。25センチ程の小型の品種。

ビルバージア キャサリーンウィルソン×ドミンゴマーティンス
Billbergia CatherineWilson × Domingos Martins

アメリカ育種家故Don Beadle氏作出。品種名は付けらていない。ドミンゴ マーティンスの血筋はかっこ良いのばかりです。成育は遅いが、強い光でガッチリと育てると素晴らしく魅力的になる。

Vriesea
フリーセア

中米から南米まで広く分布原種は180種類程が知られている。葉に棘は無く危険では無いので多くの観賞用に需要があり700品種以上の交配品種が作られている。

フリーセア・ラファエリー
Vriesea rafaelii

ブラジル原産の原種です。葉の両側に縞模様が入ります。葉裏は紫色に色づき、表側は濃い緑色をしています。木漏れ日程度の日照を好みます。テラリウムに向いています。最大でも30センチ程度まで成長します。

フリーセア・ボタフォゲンシス
Vriesea botafogensis

ブラジル原産の原種です。葉裏は赤紫色の細かいドット模様が入ります。サウンデルシー種と似ているが、こちらの方が葉幅がある。黄色い花序が美しく良く目立ちます。40センチ程に成長します。

フリーセア・バガンス
Vriesea vagans

ブラジル原産の原種です。明るい黄緑色の葉で株元は黒く色づき独特な雰囲気です。着生種の為、ハンギングバスケットや吊り鉢、流木に着生させて育てると良いです。20センチ程に成長します。

フリーセア・ラシナエ
Vriesea racinae

ブラジル原産の原種です。最小のフリーセアと言われています。10センチ程の小型で可愛らしい。葉は緑色に赤いドット模様が入ります。テラリウム向き、真夏の高温には蒸れない様に通気良く育てると良い。

フリーセア・レッドチェストナット
Vriesea Red Chestnut

フォステリアーナ バー セイデリアーナの選抜種。1973年と非常に古い品種です。上手に育てると80センチ以上になる大型です。直射日光は嫌い 葉が直ぐに焼けてしまいます。しかしながら光に当てないと色は薄れてくるので、遮光ネット下で管理すると良いです。

フリーセア・ギガンティア
Vriesea gigantea

ブラジル原産の原種です。網目状の葉模様が透けて見えて美しい。80センチにもなる大型種ですが、成長は遅い。直射日光を嫌います。木漏れ日程度の光で育てるのが良いです。

フリーセア・ノバ
Vriesea Nova

1974年に登場した。フリーセア ギガンテア バー セイデリアーナの選抜種。後に1992年に正式にフリーセア ギガンティア バー セイデリアーナとして記載されるようになった。80センチと大型種。濃い緑葉に白い模様が入り非常に美しい。直射日光を嫌います。木漏れ日程度の光で育てるのが良いです。

フリーセア・フランメア
Vriesea flammea

ブラジル原産の原種です。細い葉で他のフリーセアとは姿が異なる。15センチ程度の小さな小型種。赤い花茎に白色の花が咲きとても美しい。日本の真夏の暑さが苦手です。夏場は涼しい場所で管理します。テラリウムにも使用できます。

Guzmania

グズマニア

原種は150種類程が知られている。
交配品種は、428品種の登録が有ります。
赤や黄色の花苞が数ヶ月間も鑑賞でき、棘が無いこともあり贈呈用や店舗の飾りに人気がある。

グズマニア・リンデニー
Guzmania lindenii

ペルー原産の原種です。King of Guzmania と言われているグズマニアの王様。深緑色の葉に白いバンド模様が入り非常に美しい。70センチ程に成長する大型種。日本の35度以上の暑さを嫌います。太陽光は好まないので、日陰で育てます。

グズマニア・マグニフィカ
Guzmania Magnifica

1937年にRichter氏の交配品種。
G.linglata v.cardinalis x G.linglata v.minor
黄緑色の細くて柔らかい葉で扱いやすい。大きな星のような橙色の花序で美しい。葉に白い模様の入る斑入りの品種も有ります。25センチ程になります。

グズマニア・アイスクリーム
Guzmania Ice Cream

1987年に リングラータ バー ミノールから出た斑入りの選抜種。緑の葉に黄緑色の斑が入ります。20センチ程の小型の品種。テラリウムにもオススメです。

グズマニア・リングラータ　レッド
Guzmania lingulata Red

中米から南米にかけて広く分布する。様々なタイプが存在します。こちらは、葉が赤く色付きが美しい。小型種なので、テラリウムなどでも育てられます。

グズマニア・カポホ ファイヤー
Gzumania Kapoho Fire

ハワイの育種家David Shiigii氏作出。1977年に作られたが交配親は不明。40センチ程になり真っ赤に染まる葉はとても魅力的です。斑入りのタイプも有ります。

グズマニア・フェスタ ハイブリード
Guznania Fiesta hybred

G.wittmackii x G.lingulataの交配のフェスタと品種不明の片親とのハイブリッド。偶然にも斑入りの美しい品種です。40センチ程になります。

グズマニア・ディエス アルボ
Guzmania Deaise albo

交配親は不明。まだ品種登録されておらず、新しい品種と思われる。アルボマルギナータの斑入りで非常に魅力的。40センチ程に成長します。

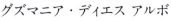

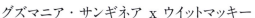

グズマニア・サンギネア x ウイットマッキー
Guzmania sanguinea x wittmackii

原種のサンギネアと原種のウイットマッキーとの交配品種。まだ新しい品種で登録されていません。色彩鮮やかで今後、品種名が決まれば人気が出てきそうな品種です。

Hohenbergia

ホヘンベルギア

西インド諸島から、ブラジルまで分布する壺型で人気がある。原種は、60数種類知られています。様々な交配品種が有りますが品種登録されているのは、29品種程。

ホヘンベルギア・フミリス
Hohenbergia humilis

ブラジル原産の原種です。比較的 小型で30センチ程の品種。光を強く当てると茶褐色の葉色に色づきます。しっかりと太陽に当てて育てるとガッチリと育ちます。

ホヘンベルギア・エドムンディ
Hohenbergia edmundoi

ブラジル原産の原種です。壺型で美しい姿で人気があります。岩場の乾燥地域に自生していますが、カラカラにして管理しなくて良い。用土が乾いたら水を与えたほうが葉の枯れは防げます。太陽光線に良く当てて育てます。背丈50センチ程になります。

ホヘンベルギア・カーラ
Hohenbergia Karla

ブラジル原産の原種 マグニスピナのアルボマルギナータ斑入り。ドイツの育種家Hermann Prinsler氏がマグニスピナの実生から出た斑入り。Hermann氏の妻Karla Prinslerの名が付けられた。背丈30センチ程まで成長します。

ホヘンベルギア・エドムンドイ レッドフォーム
Hohenbergia edmundoi Redform

ブラジル原産の原種です。普通種のエドムンドイよりも赤く色付きます。太陽光線と昼夜の温度差があるとより美しく発色します。壺型の人気品種。背丈50センチ程になります。

ホヘンベルギア・レオポルドホルスティー WB×ホヘンベルギア ベスティタ
Hohenbergia leopoldo-horstii WB × H.vestita

日本のホヘンベルギアの育種家 小川氏の作出。まん丸な壺型になり両種の良い所を引き継いだ傑作品種です。一日中太陽光線に当たる場所での管理がオススメです。霜には弱いので冬場は霜に当てないように。背丈50センチ程になります。

ホヘンベルギア・ベスティタ
Hohenbergia vestita

ブラジル原産の原種です。かなり発達した壺型になりマニアに人気種。太陽光線が大好きなのでよく日に当てて育てると濃い紫色に色づきます。夏場は野外の雨ざらしで管理したほうが良く育ちます。背丈50センチ程になります。

ホヘンベルギア・ペンナエ
Hohenbergia pennae

ブラジル原産の原種です。地域変異が有りますがいずれも異様なほどの下膨れの徳利状の壺型。強い光で育てると限りなく黒に近い色合いになります。出来るだけ長い間太陽に当てて育てると良い。背丈60センチ程まで育ちます。

ホヘンベルギア・ペンナエ×レメイ
Hohenbergia pennae × lemei

アメリカ育種家Michael Kiehl氏 作出。両種の特徴が良く出ている品種です。品種名はまだ付けられていません。太陽に良く当てて育てると赤紫色に色づきます。背丈50センチ程になります。

Cryptanthus

クリプタンサス

ブラジルに広く分布する地上性のブロメリア。原種は約70種ほど知られています。交配品種は1259品種登録があります。直射日光を嫌います。水が好きな種類でテラリウム水槽で上手に良く育つ。

クリプタンサス・エライン
Cryptanthus Elaine

フォステリアナスの選抜品種、斑入りを安定させるために12年もの歳月がかかって固定された品種です。上手に育てると45センチ程にも葉が広がります。鉢植え管理の場合は、鉢皿に水を溜めて育てると良く育ちます。

クリプタンサス・ムーン リバー
Cryptanthus moon River

アメリカの育種家Carole Richtmyer氏作出。C. Earth Angel×C.bromelioides Red Formの交配品種。深い緑色の葉に赤く色づき美しい品種。20-30センチ程に成長します。

クリプタンサス・テルマ オ レイリー
Cryptanthus Thelma O´Reilly

アメリカの育種家 Carole Richtmyer氏作出。C.Cinnabar×C.colnagoiの交配品種。コルナゴイの血筋を引いているので葉が細長い。黄緑色の中斑模様は明るい場所で赤く色づきます。直射日光は嫌います。30センチ程まで成長します。

クリプタンサス・ディナスティ
Cryptanthus Dynasty

アメリカの育種家Steve Hoppin氏の作出。C.capitatus×C.Richard Lumの交配品種。濃い光沢状の美しい品種。明るい環境で赤く色づきます。葉裏は銀色です。上手く育てると直径60センチにもなる大型品種です。

クリプタンサス・ロウ トラハン
Cryptanthus Lou Trahan

アメリカの育種家Carole Richtmyer氏作出。C. sinuous Plowman×(C.McIntosh×C.Gurkenii)の交配品種。明るい光に当てるとチョコレート色の濃い色合いに色づきます。25センチ程に成長します。

クリプタンサス・ポメグラナータ
Cryptanthus Pomegranate

アメリカの育種家Carole Richtmyer氏作出。C.Tim Plowman×(C.Raspberry Ice×C.Rusty Spoon)の交配品種。深緑色の葉に赤いまだらとスジ模様が入ります。25センチ程に成長します。

クリプタンサス・ピンク スターライト
Cryptanthus Pink Starlite

ビビタタスの選抜種。アメリカの育種家Barnell Cobia氏が11年の歳月をかけて固定した種。1980年から作られているベストセラー。小形の斑入りでテラリウム水槽に多く利用されている。鉢植え管理では鉢皿に水を溜めて育てると上手く育ちます。

クリプタンサス・ワーレンルーゼイ
Cryptanthus warren-Loosei

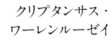

ブラジル原産の原種です。黄緑色の中斑模様で、明るい光に当てて育てると赤茶色に色づきます。葉は波打ったウエーブ状。とても丈夫で簡単に育てられます。子株も良く吹いて増え易い。25センチ程に成長します。

クリプタンサス・アルテルネーティング カリエント
Cryptanthus Alternating Current

アメリカの育種家Jim Irvin氏作出。C.Kamehameha x C. Zonatus Silverの交配品種。銀色に輝く渋い品種です。40センチ程と大きく育ちます。鉢植え管理の場合は鉢皿に水を溜めて育てます。

クリプタンサス・マックドリーミー
Cryptanthus McDreamy

アメリカの育種家 Steve Hoppin氏の作出。C.Ebony Beauty×C.Roseusの交配品種。明るい光で育てると色が黒くなりシルバーの縞模様がはっきりと出てきます。25センチ程に成長します。

クリプタンサス・スターシャイン
Cryptanthus Starshine

オーストラリアの育種家Grace Goode氏作出。C.Zebrina×C.Michelleの交配品種。明るい黄緑色の葉に深緑色の模様が入ります。明るい光で育てると赤く色づきます。30センチ程に成長します。

クリプタンサス・ドレル
Cryptanthus Durrell

アメリカの育種家Jim Irvin氏作出。C.Divers Pink×C.Cascadeの交配品種。デュレルとも呼ぶ。赤い縁取りに黄緑色の中斑模様をしていますが、光が強いと全体的に赤く色づきます。10 - 15センチ前後の小型種。

クリプタンサス・ピクニック
Cryptanthus Picnic

ハワイの育種家Lisa Vinzant氏作出。フォステリアーナの選抜種。渋い色合いの品種です。40センチ以上に育ちます。

クリプタンサス・ドン ギャリソン
Cryptanthus Don Garrison

アメリカの育種家Carole Richtmyer氏作出。C. Rita Padden×C.Strawberry Shortcakeの交配品種。光が強いと全体的に赤黒色に染まります。上手に育てると45センチ程に成長します。

クリプタンサス・ジェニファー
Cryptanthus Jennifer

アメリカの育種家Carole Richtmyer氏作出。C. High 'N Mighty×C.Hawaiian Beautyの交配品種。黄緑色の葉ですが赤く色づきます。葉幅が広く見応えのある品種です。よく増えて群生しやすい。25 - 30センチ程に成長します。

クリプタンサス・アレリー
Cryptanthus arelii

ブラジル原産の原種です。黄緑色の葉ですが、明るい光で赤茶色に色づきます。葉は比較的細く僅かに波打ちます。25 - 30センチ程に成長します。

クリプタンサス・ハイホーシルバー
Cryptanthus Hi Ho Silver

アメリカの育種家Rutledge氏作出。C.Black Jack×C.Carnivalの交配品種。茶褐色の葉に白いトリコームが美しい品種です。25-30センチに成長します。

クリプタンサス・アブソリュートゼロ
Cryptanthus Absolute Zero

アメリカの育種家Jim Irvin氏作出。C.Sweet Tooth×C.Ice Ageの交配品種。濃い緑色葉は明るい光で黒くなり銀色の細かいジグザグ模様が美しい品種です。上手に育てると45センチ近くまで成長します。

クリプタンサス・スリラー
Cryptanthus Thriller

アメリカの育種家Steve Hoppin氏の作出。C.Ebony Beauty×C. X roseusの交配品種。黒に近いチョコレート色に銀色の不規則なバンド模様が入ります。直径60センチ近くまで成長する大型品種です。

クリプタンサス・アルギロフィラス
Cryptanthus argyrophyllus

ブラジル原産の原種です。葉幅が広く肉厚です。小さな時は丸い葉で可愛らしい。白いうぶ毛が生えています。直射日光には当てず明るい場所で管理します。テラリウム水槽で育てると良く育つ。25-30センチ程に成長します。

Dyckia
ディッキア

南米に広く分布する棘の発達したブロメリア。原種は、約159種知られています。交配品種は210品種登録が有りますが、登録されていない交配品種もかなりの数有ります。

ディッキア・ミスト
Dyckia Mist

ブラジル原産のフォステリアーナの選抜品種。太陽に良く当てると赤く色づきます。直径30センチ程に成長します。

ディッキア・レッドリッパー
Dyckia Red Ripper

アメリカの育種家Michael Kiehl氏作出。D.marnier-lapostollei v.estevesii×(D.fosteriana×D.platyphylla)×D.marnier-lapostollei v.estevesii×(D.fosteriana×D.platyphylla) 太陽に良く当てると濃い赤に色づきます。大きめの棘は白色でよく目立ちます。

ディッキア・カリフォルニア
Dyckia California

アメリカの育種家故Bill Baker氏の作出。小型品種でとても可愛らしい。太陽に良く当てると濃い赤色に白い棘が発達しています。光量不足で色は茶色く薄れてきます。出来るだけ長い間太陽に当たる場所で管理すると良い。

ディッキア・ブレビフォリア
Dyckia brevifolia

ブラジル原産の原種です。多肉植物と一緒に扱われることが多く、縞剣山（シマケンザン）の和名が有ります。緑色の葉で裏側には白い筋が入ります。多頭にならなければ50センチ近くの大きな株に育ちますが、成長点がいくつも増えてくると小型化する傾向があります。乾燥にも夏の暑さ、冬の寒さにも強いが霜には当てない方が良い。

ディッキア・トゥシー
Dyckia Toothy

アメリカの育種家故Bill Baker氏の作出。交配親は分かっておりませんがD.dawsoniiが使われていると思われる。画像はF2の個体です。棘が鋭く良く発達している。トリコームが多い白くて魅力的な品種です。30センチ程に成長します。

ディッキア・マグニフィカ
Dyckia magnifica

ブラジル原産の原種です。分頭せずに上手く育つと直径60センチ以上にも成長する大型種。葉は硬く棘も大きく発達しています。太陽に良く当てて育てるのが良くガッチリと締まって育ちます。

ディッキア・フォステリアーナ
Dyckia fosteriana

ブラジル原産の原種です。産地によって若干の地域変異が有ります。写真右は、葉は比較的細いが 銀葉で美しい。とても丈夫でよく増えます。黄色の花が咲きます。写真左は、ブロンズと呼ばれているタイプ。太陽に良く当てて育てると赤茶色に色づきます。葉の表側にはトリコームは無く光沢のある葉をしています。どちらも30センチ程に成長します。

ディッキア・シルバーバック
Dyckia Silverback

交配親は分かっておりません。肉厚でガッチリとした体格をしています。トリコームの多い白くて美しい品種です。30センチ程に成長します。

ディッキア・アリゾナ×コリスタミネア× ブリットルスター×ペイレン
Dyckia Arizona × choristaminea × Brittle Star × Paylen

アメリカの育種家故Bill Baker氏の作出。品種名は付けられていない。非常に美しくとても魅力的な品種です。太陽に良く当てて育てると綺麗に育ちます。20センチ程に成長します。

ディッキア・リネアリフォリア
Dyckia linearifolia

ブラジル原産の原種です。葉は細くピンク色に染まります。トリコームが有り白っぽく粉がふいた感じになります。40センチ程に成長します。

ディッキア・アイス
Dyckia Ice

アリゾナF2のセレクション。葉幅が広くトリコームも多く付き 全体的に白くて美しいです。20センチ程に成長します。

ディッキア・ホワイト ファング
Dyckia White Fang

アメリカの色Michael Kiehl氏作出。D.Arizona×Arizonaの交配品種。太陽に良く当てると黒くなり棘と葉裏が白色でとてもメリハリの出る美しい品種です。20センチ程に成長します。

ディッキア・ガルガントゥア
Dyckia Gargantua

セレクトクローンのブリットルスターF3。太陽に良く当てて育てると赤が濃くなります。ガルガントゥアとは巨人という意味です。30-40センチ程に成長します。

ディッキア・ブリットルスター
Dyckia Brittle Star

F3個体アメリカの育種家Michael Andreas氏の作出。D.Dawsonii×(D.fosteriana×platyphylla)の交配品種。太陽に良く当てて育てると赤黒く色づきとても迫力があります。20センチ程に成長します。

アメリカの育種家故Bill Baker氏の作出。D.Dawsonii×(D.fosteriana×platyphylla)の交配品種。画像はF2個体。太陽に良く当てて育てると葉は黒く色づきます。20センチ程に成長します。

ディッキア・ベティ ギャリソン
Dyckia Betty Garrison

アメリカの育種家Don Garrison氏の作出。D.choristaminea×D.marnier-lapostolleiの交配品種。太陽に良く当てて育てると銀色の葉になり縁が紫色に色づきます。20センチ程に成長します。

ディッキア・ラド クタック
Dyckia Lad Cutak

アメリカの育種家故Mulford Foster氏の作出。1943年に作られたD.brevifolia×D.leptostachyaの交配品種。太陽に良く当てて育てると赤黒く色づきとても綺麗です。花数も多く60輪以上咲くことがあります。

ディッキア・ブラックアイス
Duckia Black Ice

アリゾナF2のセレクション。太陽に当てるとアイスよりも色が付きやすくブラックアイスと名付けられています。20センチ程に成長します。

ディッキア・ラリー ザ チョッパー
Dyckia Larry The Chopper

アメリカの育種家故Bill Baker氏とChris Nguyen氏の作出。D.Arizona×D.Brittle Starの交配品種。太陽に良く当てて育てると真っ赤に色づきます。比較的大きな白い棘で美しい品種。20センチ程に成長します。

Quesnelia
ケスネリア

ブラジル固有のブロメリア原種は約20種類程確認されています。交配品種は、8品種の品種が登録されています。多くは岩場に着生しています。

ケスネリア・ラファエル オリベイラ
Quesnelia Rafael Oliveira

1995年にブラジルのRafael Oliveira氏によって発見された ケスネリア マルモラータの斑入り品種。葉をカールさせるには乾燥気味に育てると葉がクルクルカールします。背丈40センチ程に成長します。

ケスネリア・マルモラータ
Quesnelia marmorata

葉がカールする個体をティム ブロウマンと呼ばれています。タンクの中だけに水をやり鉢土や植物全体に水を掛けずに乾燥気味に育てると葉がクルクルとカールした可愛い姿になり、逆に水を与えすぎて湿度が高いと葉のカールは無くなってしまいます。40センチ程に成長します。

ケスネリア・マルモラータ
Quesnelia marmorata

ブラジル原産の原種です。この属の代表種です。丈夫で育てやすく初心者でも簡単に育てられます。流木や岩に縛り付けて着生させて育てるのがオススメです。また数年育てると子株が増えて群生させると見事になります。

ケスネリア・フミリス
Quesnelia humilis

ブラジル原産の原種です。20センチ程の小形の種です。緑の柔らかな葉が特徴的です。花が咲く時は赤い花序がとても美しい。

ケスネリア・チュビフォリア
Quesnelia tubifolia

ブラジル原産の原種です。独特な雰囲気のケスネリアです。まだ日本には数株程しか無いと思われる希少種。育てるのは、容易でとても丈夫です。カラカラに乾燥させないほうが状態良く育ちます。25センチ程に成長します。

ケスネリア・ファロ
Quesnelia Farro

ブラジル原産のQ.testudoの斑入り品種。寒さに強い品種です。マイナス3度程度まで平気です。日向でも日陰でも育ちますが日に当てたほうがガッチリと引き締まって育ちます。50センチ程に成長します。

カニストラム
Canistrum

ブラジル固有種である。原種は22種類程知られています。交配品種は、13品種登録されています。熱帯の湿度の高い環境を好み低温は苦手である。

カニストラム・セイデリアナム
Canistrum seidelianum

ブラジル原産の原種です。深緑色の葉に濃いまだら模様が入ります。流木に着生させて育てると良く根を張り育ちます。 星型のオレンジ色の花序に黄色の花が咲き姿に似合わず可愛らしい。タンクの中の水は切らさない様に管理します。

カニストラム・トリアングラレ
Canistrum triangulare

ブラジル原産の原種です。20センチ程度と小型種。姿がカッコ良く、この属で最も人気があります。流木に着生させて育てるのが最適です。日に当てて育てると黒い模様が濃くなります。

カニストラム・アゥランティアクム
Camistrun aurantiacum

ブラジル原産の原種です。黄緑色の葉で株元は黒く色づきます。 50センチ程になります。大きさの割に花は小さくチューリップ型をしており、オレンジ色の花序に黄色の花が咲きます。

カニストラム・フォステリアナム
Canistrum fosterianum

ブラジル原産の原種です。セイデリアナムとよく似ているが花が違います。赤いチューリップ型の花が咲きます。日に良く当てて育てるとまだら模様が濃くなります。40センチ程になります。

カニストラム・アラゴアナム
Canistrum alagoanum

ブラジル原産の原種です。地生種の為、鉢植の管理が良い。光に良く当てていると葉は紫色に染まります。花は真っ赤で美しいです。葉には水を溜めて育てます。

Catopsis

カトプシス

アメリカはフロリダ州から中米、南米まで広く分布する。原種は20種程確認されています。交配品種は作られていない。

カトプシス・パニクラータ
Catopsis paniculata

メキシコ南部から中米原産の原種です。葉は細長く柔らかい。日本の夏の暑さにとても強く丈夫で育て易い。葉には水を溜めて育てます。30センチ程になります。

カトプシス・スブラータ
Catopsis subulata

最も有名でこの属の代表種。中米に広く分布する原種です。徳利型の姿で人気があります。日本の真夏35度以上の暑さが苦手です。夏場は涼しい環境で育てると上手に育てられます。25センチ程に成長します。

カトプシス・モレニアーナ
Catopsis morreniana

中米に広く分布する原種です。小型種でテラリウム栽培できます。黄緑色の葉に白いトリコームが付いています。よく増えて育て易い。10センチ程に成長します。

カトプシス・ベルテロニアーナ
Catopsis berteroniana

フロリダから中米も南米と広く分布している原種です。この属では唯一食虫植物とされています。ハエトリソウの様なパクパクという食べ方ではなく葉の間に溜まった水に虫が落ちれば消化するという感じです。30センチ以上になるこの属では大型の品種です。

Orthophytum
オルトフィタム

ブラジルの広い地域に分布しています。全て陸生種です。原種は53品種程が確認されています。交配品種は47品種登録されております。クリプタンサスと姿が似ていますが花の咲き方で区別します。

オルトフィタム・グルケニー
Orthophytum gurkenii

ブラジル原産の原種です。葉は厚みがあり銀色のジグザグのバンド模様があります。最も美しいオルトフィタム。開花するときに幹が上がって葉と葉の間に茎が出来るので初めて見た方は驚くと思います。開花後は花苞から子株が吹くので、容易に増やすことが出来ます。

オルトフィタム・レメイ
Orthophytum lemei

ブラジル原産の原種です。ブロメリアの第一人者 Elton Leme氏が新種として発見し自らの名前を付けた銀色の美しい種です。成長は非常に緩やかですが30センチ程まで成長します。白色の小さな花が咲きます。

オルトフィタム・レッドフロスト
Orthophytum Red Frost

ブラジルのブロメリア研究者 Rafael Oliveira氏がブラジルのエスピリトサント州で採集した株 専門家の見解によるとO.rubiginosumとO.magalhaesiiの間の自然界交配品種との事です。赤い葉に白い粉をまぶした様な感じでとても魅力的です。葉は細いが大きく広がると60センチ以上に育つこともあります。

オルトフィタム・マザーロード
Orthophytum Mother Load

アメリカの育種家Jim Irvin氏作出。O.gurkenii×O.magalhaesiiの交配品種。金の粉を吹いたような色合いの品種です。成長に従い白くなりとても神々しい色合いになります。1992年に作られた。25センチ程に成長します。

オルトフィタム・グラブルム
Orthophytum glabrum

ブラジル原産の原種です。太陽光線と昼夜の温度変化で真っ赤に色づいてきます。日当たりの岩場で多く見られ半多肉植物的なブロメリアです。とても丈夫で栽培は容易です。25センチ程に成長します。

Hechtia
ヘクチア

メキシコからニカラグアの中米に原種が約67種類程が知られています。交配はあまり盛んではなく9品種のみ品種登録されています。原産地ではサボテンと並んで乾燥地域の山の斜面に多く見られる。

ヘクチア・アルゲンテア
Hechtia argentea

メキシコ原産の原種。葉は細長く棘が発達しています。緑の葉に白いトリコームで銀色に輝く美しい種です。光を好みます。出来るだけ太陽に当てて育てると美しく育ちます。60センチ程にまで成長しますが成長は遅いです。

ヘクチア・ステノペタラ
Hechtia stenopetala

メキシコ原産の原種です。多肉質な葉に鋭い棘で触ると必ず引っかかって怪我をします。危険ですが、そこが棘マニアの魅力的な所でしょう。上手に育てると1メートル近い大株になります。寒さにも強く関東では野外の南向きの軒下で冬越しが出来ます。

ヘクチア・ティランドシオイデス
Hechtia tillandsioides

メキシコ原産の原種です。明るい緑の葉で裏側は銀色に輝く。ヘクチアでは珍しく棘が無く、一風ティランジアに似ていることからこの名が付きました。とても丈夫で容易に育てられます。25センチ程に成長します。

ヘクチア・グラウカ
Hechtia glauca

メキシコ原産の原種です。多肉質な幅広い葉が特徴的です。寒さで葉は赤く紅葉します。しかしながら耐寒性はあまり無く、霜に当たると腐って枯れてしまいます。凍らなければ問題ありません。50センチ以上になる大型種です。

ヘクチア・ロゼア
Hechtia rosea

メキシコ原産の原種です。アロエの様な姿をしています。葉は肉厚ながら細長く棘も鋭い。赤く色付く美しい種です。開花時の茎も赤くピンクや赤色の花でとても美しい。60センチ程に成長します。

アルカンタレア
Alcantarea

ブラジル固有の巨大になるブロメリア 原種は29種程。交配品種は、57品種登録があります。皇帝アナナスとも呼ばれている。葉に棘が無い為に植栽やディスプレーに需要がある。

アルカンタレア・インペリアリス
Alcantarea imperialis

ブラジル原産の原種です。太陽に良く当てると赤く色づきます。この属の代表種。直径1.5メートルにも広がります。霜の降らない地域では野外に植栽できます。花が咲く時は赤い花序が1.8メートル程の高さにまで上がります。花は黄色です。数種類の選抜品種が作られています。

アルカンタレア・ブラジリアーナ
Alcantarea brasiliana

ブラジル原産の原種です。緑葉の大型種。画像の個体はブロメリアの第一人者 故Harry Luther氏がブラジルで採集した選抜クローン。トリコームが多く美しい。直径1.5メートル程となります。太陽に良く当てて育てます。霜に当てなければ野外栽培が出来ます。

アルカンタレア・ビニカラー
Alcantarea vinicolor

ブラジル原産の原種です。太陽光線によく当てると全身真っ赤に色付く美しい品種。90センチ程に成長するこの属では小型の種です。開花後は子供をよく産み容易に増やすことができます。寒さにも強いので霜に当てなければ野外栽培が出来ます。

Deuterocohnia

デウテロコニア

南米に広く分布する多肉植物風のブロメリア。原種は24種程確認されています。交配品種は2品種のみ品種登録があります。成育はどの種も遅いが群生する傾向がある。

デウテロコニア・ブレビフォリア ssp キロランサ
Deuterocohnia brevifolia ssp chlorantha

アルゼンチンやボリビアに分布するブレビフォリアのサブスピーシース。2センチ程の小形の種であるが、群生すると塚の様な山の形になり見事である。乾燥にも強く冬場は月に1回でも平気です。水はけの良い用土が最適です。太陽に良く当てて育てます。

デウテロコニア・ロレントザイアナ
Deuterocohnia lorentziana

ボリビア原産の原種です。ロレンチアナ、ローレンチアナとも呼ぶ。ブレビフォリア種より少し大きめの種です。小さなディッキア種によく似ています。画像の個体は15年物の古株です。水はけの良い用土で管理します。太陽に良く当てて育てます。

Encholirium
エ ン コ リ リ ュ ウ ム

ブラジル原産27種類程確認されています。交配品種は1種類のみ品種登録されています。ディッキアとよく似ているが花の咲き方が違う為に分けられています。栽培されている種類が少なく手に入れられる機会は少ない。

エンコリリュウム・ホリダム
Encholirium horridum

ブラジル原産。エンコリュームの中で最も有名な種です。葉の枚数が多く光沢のある緑葉で棘が発達していて丸くなります。乾燥に強いと思われておりますが、かなり水を好みます。水はけの良い用土で土の表面が乾いたらたっぷりと与えます。 夏場は雨ざらしで育てると調子よく育ちます。直径70センチになる事が有りますが、成育は遅く開花するまでに10年以上かかります。

エンコリリュウム・スペクタビレ
Encholirium spectabile

ブラジル原産。灰色がかった緑葉で棘が発達しています。直径1メートル以上になる大型種です。原産地ではコウモリが蜜を吸って受粉しています。乾燥に強くディッキアと同じ環境で育てられます。

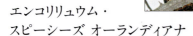

エンコリリュウム・スピーシーズ オーランディアナ
Encholirium species Orlandiana

ブラジルで採取された種で未だ同定されていないエンコリリューム 。葉は細長く銀色でとても美しい。1メートル近く成長すると思われます。

Edmundoa

エドムンドア

ブラジル原産。原種は4種類確認されています。交配品種は、3品種登録されています。一見ネオレゲリアと似ているが花の咲き方が違います。ラッパ状の花茎が中心から上がってきます。

エドムンドア・リンデニー
Edmundoa lindenii

ブラジル原産。黄緑色の葉に緑の模様が入る。直径1メートル近くになる大型種だが、原産地では木に着生している。半日陰を好みますが葉が大きくなりすぎるので明るい場所で管理がおススメです。鉢植えでも問題なく育ちます。斑入りの品種も有ります。

Fernseea
ファーンシーア

ブラジル原産の細い葉で草のような一風変わったブロメリアです。原種は2種のみ。交配品種も作られていない。滅多に出回らないが花が凄く綺麗なので一度は育ててもらいたい。

ファーンシーア ボカイネンシス
Fernseea bocainensis

ブラジル原産。草のようなブロメリアです。花序がピンク色で青い花が咲きます。背丈40センチ程に成長します。水はけの良い用土で育てます。鉢土の表面が乾いたら水をたっぷりと与えます。株分けで増やす事が出来ます。

Neoglaziovia

ネオグラジオビア

ブラジル原産。原種は2種のみ。交配品種は1品種登録されています。多肉植物風のブロメリアです。葉は硬く頑丈な為、現地では紐やロープの原材料に使われている。

ネオグラジオビア・バリエガタ
Neoglaziovia variegata

ブラジル原産。葉は1メートル以上になります。縞々のバンド模様が入ります。バリエガタと名が付いていますが、斑入り品種では無く白いのは模様となります。葉はカチカチに硬く棘は小さいが鋭い。丈夫で簡単に育てられます。赤い花が咲きます。

ネオグラジオビア・バールマルクシー
Neoglaziovia burle marxii

ブラジル原産。有名な植物学者故Roberto Burle Marxにちなんで名付けられました。120センチ以上になる葉はうねる傾向があります。硬い葉と鋭い棘がなんとも魅力的。昼夜の温度変化で葉は赤く紅葉した感じに色づきます。育てるのは容易です。株分けで増やします。

Nidurarium
ニドゥラリューム

ブラジル原産。原種は49種確認されています。交配品種は、57品種登録されています。ネオレゲリアと間違えられますがもむ花の咲き方が違う為に分けられています。

ニドゥラリューム・プロセルム
Nidurarium procerum

ブラジル原産。緑色の細い葉が特徴的です。日に当てると赤く色づきます。花が咲く時に中心が立ち上がって開花し花色は赤から橙色。とても丈夫で育て易いです。40センチ程に成長します。

ニドゥラリューム・イノセンティー
Nidularium innocentii

ブラジル原産。画像は斑入りの品種です。葉幅が広くネオレゲリアと間違えるほど似ています。原産地ではジャングルの木漏れ日程度の明るさの場所に生えていますが、遮光ネットの下から徐々に慣らすと日に強くなります。50センチ程に成長します。

ニドゥラリューム・レプロサ
Nidurarium Leprosa

ブラジル原産のN.rutilansの選抜個体。緑葉に赤紫色のドット模様が入ります。花が咲く時は中心が紫色に染まりとても美しい品種です。とても丈夫で育てやすい。50センチ程に成長します。

Bromelia
ブロメリア

中米から南米まで広く分布しています。原種は64種程 知られています。交配品種は2品種登録されています。棘が非常に発達しています。棘マニア必見です。

ブロメリア・アレナリア
Bromelia arenria

ブラジル原産 画像の個体は15年物の古株です。棘が危険な為一般には出回りません。マニア向けのブロメリアとなります。ピンク色の花序に紫色の花が咲きます。50センチ程に成長します。

ブロメリア・フミリス
Bromelia humilis

カリブ海の島からベネズエラに分布する原種です。比較的小形で30センチ程のサイズ。花が咲く時に葉が平たく広がり中心付近が赤く色づきます。花は小さな紫色の花が咲きます。この品種も棘が鋭くて危険な為、マニア向きとなります。

Puya

南米に広く分布する。原種は69種確認されています。交配品種は5品種登録されています。どの種も棘が鋭く取り扱いには注意が必要です。寒さに強い種が多いブロメリア最大種がいるのもこの仲間です。

プヤ・スピーシーズ
Puya species

ペルー原産のプヤ。寒さに強く関東では雨の当たらない軒下で冬越し出来ます。棘が鋭く必ず引っかかるので置き場所にも注意が必要です。花は紫色の大きな花が咲きます。直径60センチ以上に成長します。

プヤ・ラクサ
Puya laxa

ボリビア原産。全身が白い産毛に覆われています。画像の個体は20年物の古株です。多肉植物でも扱われる為、火星草と呼ばれています。寒さに強いので雨の当たらない軒下で冬越しができます。50センチ程に成長します。

Portea
ポルテア

ブラジル原産。原種は10種確認されています。交配品種は5品種登録されています。壺型のタンクブロメリア。どの種も丈夫で育て易いが棘が鋭い。

ポルテア・ナナ
Portea nana

ブラジル原産。この属の最小品種。20センチ程の大きさです。太陽に当てて育てると締まってガッチリと育ちます。鉢植えでも流木に着生させてもどちらでも良く育ちます。花は赤い花が咲きます。

Tillandsia
ティランジア

数あるブロメリアの仲間で最も多くの品種、推定650種以上、今なお未開の地で生息する名前の付いていない種類も豊富である。交配も盛んに行われており1284もの品種登録がされています。別名エアープランツと呼ばれており水を与えないで良いと誤解されていることも多い。殆どが木や他の植物に着生して育ちます。

ティランジア キセログラフィカ
Tillandsia xerographica

メキシコからグアテマラが主な生息地、ワシントン条約 附属II類の為、野生種は保護されていますが、現地のナーセリーで沢山増殖栽培しているのでCITESの許可をとって日本へは輸入されています。ティランジアの王様と言われている程で素晴らしいフォルムで非常に人気があります。グアテマラ産のキセログラフィカはメキシコ産よりも葉が長くよりカールする傾向があります。35 - 50センチ程まで大きく育ちます。

ティランジア セレリアナ
Tillandsia seleriana

メキシコ南部からグアテマラ等の中米に分布する原種です。壺型で美しく人気種。流木に着生させて育てます。日本の夏場の35度以上の暑さが苦手です。夏場は明るい木漏れ日程度の場所が適しています。比較的水は好きですが、葉の中に水は溜めないように育てます。早く開花しなければ30センチ以上に成長することがあります。

ティランジア イオナンサ
Tillandsia ionantha

画像は、グアテマラのマングローブ地域に自生している フェゴ種。 開花時は真赤に色づきとても人気があります。 フェゴはやや寒さが苦手です。イオナンサには多くの種類や品種改良が有ります。年数を重ねて育てると丸く群生していきます。 風通しの良い環境で上手に育てます。原産地では常に風が吹いているような場所に多く自生しています。

ティランジア ディアグイテンシス
Tillandsia diaguitensis

画像はより大きくなるラージフォーム。 南米原産のディアグイテンシスの栽培品種。有茎タイプで時には1メートル近く長く伸びることがあります。大きな白い花が咲きます。冬の寒さにやや弱く葉が枯れ込むことが有ります。比較的強い光を好みます。真夏は遮光ネットの下で育てそれ以外は徐々に慣らして直射日光下でも良く育ちます。

ティランジア スイートイザベル
Tillandsia SweetIsabel

アメリカの育種家 Bill Timm氏 作出。テクトラムとパレアセアの交配品種。トリコームが美しくとても丈夫で初心者でも育て易い品種です。 1つの茎は20センチ程度まで成長します。画像のようによく増えて群生していきます。 乾燥しすぎでハダニが発生しやすくなるので注意します。

ティランジア ストレプトフィラ
Tillandsia streptophylla

メキシコから中米に広く分布する壺型の人気種。乾季の乾燥時と雨季の時期では驚くほど姿が変わります。原産地では、川の上に生い茂った木に多く自生しています。したがって水は好きなティランジアです。ストレプトフィラを片親に多くの交配品種が作られています。冬の低温時の水やりは控えた方が良いです。30センチほどに成長します。

ティランジア ディスティチャ
Tilandsia disticha

南米原産コロンビアからエクアドルに多く分布しています。画像は、大型のラージフォーム。ディスティカとも呼ぶ。壺型に細長い葉が特徴的。やや標高の高い山に自生している為、日本の夏場の暑さを嫌います。夏場は涼しい場所で管理できると良いでしょう。20 - 35センチ程度まで成長します。

ティランジア ラティフォリア ディバリカータ
Tillandsia latifolia divaricata

エクアドル、ペルー原産。 基本種の変種、葉の柔らかいタイプと硬いタイプが有ります。上手く育てるとメートル以上の大きさになります。 明るい風通しの良い場所で管理すれば丈夫で育て易い。 群生してくるととても見事な株になります。

ティランジア ストラミネア シックリーフ
Tillandsia straminea Thick Leaf

エクアドル原産。 大型の葉が硬いタイプ。 トリコームが多く厚い銀葉で美しい為、非常に人気があります。根は殆ど出てこないので、針金やワイヤーで吊るして管理します。明るい風通しの良い環境ならだれでも簡単に育てられます。70センチ以上になります。

ティランジア ノバキー
Tillandsia novakii

メキシコ原産の大型種。1メートル以上になります。太陽光線に当てると赤く色づきます。 開花後は親株の周りにぐるっと囲むように子供が産まれます。容易に増やすことが出来ます。 冬場の寒い時期は水を控えめにした方が葉が痛まず綺麗に保てます。寒い時期に葉に水が溜まると痛んでしまいます。

ティランジア フンキアナ
Tillandsia funckiana

ベネズエラ原産 葉が細くリスの尻尾の様な姿をしています。真っ赤な花が咲きます。寒さには弱い傾向があります。冬は10度以上の暖かい場所で管理が必要です。群生させると素晴らしく美しくなり魅力的です。

ティランジア ドゥラティ
Tillandsia duratii

南米パラグアイからアルゼンチンにかけて分布する大型のティランジア。花は香水のようなとても良い香りがします。非常に長生きで50年以上生きている群生株はもの凄い迫力です。寒さには比較的強く冬場0度まで下がる無加温の温室でも平気です。葉先は物に巻き付く習性があり、近くのものにしがみついたりします。非常に丈夫で初心者にもオススメです。1メートル以上に成長します。

Chapter 3
ブロメリアの育て方

熱帯植物と聞くとどうしても栽培が難しい印象を抱いてしまう方も多いがブロメリアの仲間は初心者でも比較的容易に栽培のできる品種も多い。ここでは基本的なブロメリアの栽培に必要な管理を項目ごとに紹介。

ブロメリアの育て方

LESSON 01

用 土

　地上性の鉢植えにして育てるブロメリアには根を伸ばして自分自身を固定するために用土が必要です。ブロメリアは順応性がありどんな用土でも育ちますが、種類によって若干の用土の好みがあります。一般的に園芸店、ホームセンターの園芸用品売り場で手に入るもので構いません。ネオレゲリア、ビルバージア、フリーセア、グズマニア等は、ヤシの実の繊維を砕いたココピート（商品名、ベラボン、ヤシ殻ピート、ココチップ）が通気性抜群で水はけも良く軽いので扱い易く何よりも良く根が張って育ちます。

　ディッキア、ホヘンベルギアその他、多肉質なブロメリア類は、基本用土は赤玉土に軽石や、若干の腐葉土を混ぜた物が適しています。流木や岩に着生させる場合は、水で濡らして柔らかく戻した水苔を根元に巻いてテグスなどで縛って固定してあげると着生します。

赤玉土
小粒、中粒、大粒、硬質タイプ等様々な赤玉土が販売されています。鉢のサイズやブロメリアのサイズに応じて使い分けると良いです。硬質の硬いタイプはあまり植え替えをしないディッキア等に向いています。

ココピート
購入時はカラカラに乾燥しているので使用する前にバケツの水に浸して良く水を吸わせてから使用します。アク抜き等は特に必要なくブロメリアは育ちます。

水苔
ニュージーランド産の水苔が多く出回っています。どんな物でもブロメリアは育ちます。カラカラに乾燥しているので、水で戻して使用します。生きた日本で採集された水苔を使用しても問題ありません。

流木
流木に着生大型種はそのまま流木にタイラップなどの拘束バンドを使用すると簡単に固定できます。根の周りに水苔を巻いても、そのままむき出しで固定しても育ちます。

植物のサイズに合わせた鉢のサイズを決めると良いです。小さなブロメリアを大きな鉢に植えると用土が乾きづらい為に根の発根が遅くなります。根は水を求めて伸びますので用土が乾く環境が良いです。

LESSON

LESSON 02

置き場所

屋外の場合

　ゴールデンウィーク頃から10月下旬まで多くのブロメリア類は野外栽培が可能です。基本的に雨ざらしで構いません。雨に当てると水道水よりも自然の恵みで良く育ちます。真夏の炎天下では葉が焼けてしまうので、30％から50％の遮光ネットを張ったり庭木の下に置いて木漏れ日程度の日当たりに調整します。ハンギング仕立てや吊り下げタイプはお庭の庭木に吊り下げて育てると良いです。

屋内の場合

　暗い場所ではブロメリアは育ちません。明るい窓辺に置いてあげましょう。
　締め切った窓辺では、夏場 高温になるので、その環境に慣れるまでは、レースカーテン越しが良いでしょう。天気の良い日は窓を開けて風通しを良くしたりベランダ等に移動して水をたっぷりと与えてあげましょう。冬場の暖房は特に乾燥しやすいので室温が保てる場合はたっぷりと水を与えましょう。

近年は植物育成用のLEDライト等が販売されています。上手に使って冬場の日照不足を補ってあげると良いでしょう。

LESSON 03

水やり

種類に応じた給水方法

　基本は全体的にたっぷりと鉢の中の空気を入れ換える感じで鉢底から流れ出るまで与えます。ネオレゲリア等、鉢よりも葉が大きく広がる種類は、用土が濡れにくい為、葉の間からたっぷりと用土にも水が行き渡るように与えましょう。トリコームの多い銀葉タイプはあまり上から水を与えずに株元から水を与えるとトリコームが剥がれずに綺麗に育ちます。ティランジアに関しては全体的にビッショリに濡れるくらい与えますがその後は良く風に当てて乾く様にしてあげましょう。

季節ごとの水やり

　春から秋までの成長期はほぼ毎日水を与えましょう。丈夫なブロメリアは一週間程度は水を与えなくても痛むこともなく問題なく生きていますが、成長期は水が必要ですので与えてあげましょう。　冬場は温度が10度以下に下がる場合は乾かし気味に管理すると耐寒性が増しますが、一週間に一回程度は天気の良い午前中に水やりをして夕方には乾いてしまう程度の量を与えましょう。タンクタイプは冬場の寒い時期は筒の中に水を溜めない方が傷みにくいです。

タンクタイプは筒の中に水を溜めて栽培します。水やりの都度、溜まっていた水を洗い流す位たっぷりと与えます。洗い流すことで中で湧いたボウフラや苔を防ぐ事が出来ます。

クリプタンサスは特に水が好きなので、毎回用土が乾かないうちにたっぷりと与えます。鉢底皿に水を溜めて栽培すると良く育ちます。

ティランジア キセログラフィカは、サボテンの生えている乾燥地域に自生している為、夏場は雨に当てて育てても良いですが、水が溜まりやすい形状なので、逆さまにして水を捨ててあげます。冬場は現地の乾季と同じように、12月から3月まで水を与えなくても平気です。

ブロメリアの育て方

LESSON 04

季節に合わせた管理

春・秋

　成長期なので出来る限り野外に出してあげると良いでしょう。マンション等のベランダでも構いません。太陽光線、雨や風に当ててあげると本当によく育ちます。温室栽培でも外の空気を取り入れて風通しを良くしてあげましょう。
　関東近郊ではゴールデンウィーク頃から野外へ10月下旬から霜が降りる迄に屋内へ取り込んであげましょう。

夏

　日本の夏は、原産地よりも遥かに暑くなります。気温35度以上の猛暑時は丈夫なブロメリアでも葉が焼けてしまいます。一度焼けた葉は元には戻らないので焼いてしまわないように気を付けましょう。30%-50%の遮光ネットや樹木の下に置いて木漏れ日程度の環境が適しています。夏場の水やりは日中は暑くなるので夕方から夜に水をたっぷり与えましょう。昼間に与えると水がお湯になって焼ける原因にもなります。

冬

　冬は原産地の乾季と同じ様な考えが良く、ブロメリア達も成長が止まります。温度が保てない場合は水は一週間に一度程度、晴れた暖かい午前中にさーっと湿らす程度与えます。夜冷えてしまうので夕方には乾いてしまう様にします。暖房の効いた屋内は冬場特に乾燥しやすいのでカラカラに乾燥しない様に注意が必要です。こまめな霧吹きや加湿器も有効です。

適した温度

　高山性の特殊なブロメリアは日本の暑さを嫌い栽培が難しいです。クーラーを効かせた温室などでないと栽培できません。ここで紹介しているブロメリアは、基本的には夏場は遮光ネットの下、秋に霜が降りる前に屋内へ入れてあげる事を守っていれば難しく考えること無く栽培できます。18-30度の範囲が最適な温度です。ティランジア等は昼夜の温度差で赤く紅葉したりもして時期ごとの色彩変化も楽しめます。

ブロメリアの育て方

LESSON 05

殖やしかた

タンク種

　ブロメリア栽培の楽しみの一つとして簡単に増やす事が出来ます。

　花が咲くと株元から子供が数株、産まれてきます。ランナーを伸ばして親株から離れた場所から葉が開く種類も有りますが、基本的には、親株の半分くらいのサイズに育ったら親から切り離して別々に栽培できます。時折、開花前に子株が産まれることもありより多くの数を増やしたり出来る事があります。あまり小さなうちに親から切り離してしまうと、成長が遅くなるので注意します。

グラウンド種

　増やし方、ディッキア等は、開花後良く種が出来るので種をまいて実生も楽しめます。

　その他、一般的な方法と同じ株分けで親株から出た子供を切り離して増やす事が出来ます。切り口が大きな場合は、数日間傷口を乾かしてから植え付けると腐らずに成功します。

　エンコリリュームは子株が産まれ無いので種をまいて増やします。株分け後は、親株と同じ用土で植え付けます。

ビルバージア ダースベイダー
親株の半分サイズになれば切り離す事が出来ます。そのまま親株の栄養をもらって育った方が早く大きくなりますがもっと増やしたい場合は親から離すとまた産まれます。

グズマニア ムサイカ
ランナーを伸ばすタイプは親株の元から切り離して同じ用土で植え付けます。

クリプタンサス
良子が産まれて簡単に増やす事が出来ます。手触るだけで子がポロっと外れる事があります。

ティランジア

　多くの種類が開花後に良く子供が産まれます。種類によっては花が咲いても子株を出さずに種のみで育つ種類も多くあります。

　基本的には良く増えて群生して育ちますが、大きくなりすぎた場合や増やしたい場合は、株分けで増やします。株元で切り離しますが、途中で折れてしまったりと失敗しないように丁寧に作業する必要があります。

株分けの注意点

　基本的に春から秋までの成長期に株分けをし、真冬は行いません。

　株分け後は、根も出てないので、水も控えめに管理しますが極度な乾燥にも注意が必要です。

　株分け後はその環境に慣れている為に、元あった場所に戻して栽培すると良いです。ディッキア等、株分け後の大きな切り口がある場合は良く乾かしてから植え付けます。

ティランジア イオナンサ フエゴ
簡単に良く増えて群生して行きます。株分け後は風通しの良い場所で管理しましょう。

ブロメリアの育て方

ブロメリア栽培

Q1 子株が生長してきたら親株は切ったほうが良いの?

開花後は親株の株元から子供が産まれてきます。群生を楽しみたいのであれば、そのままで、完全に親株が茶色く枯れたら世代交代ですので、株元から切り離します。増やしたいときは、親の半分くらいのサイズに成長したら親から切り離して構いません。あまり、小さい内に切り離すと子株の成育が遅くなります。なるべく親株に付けて栄養をもらった方がよく育ちます。

Q2 冬でも屋外で越冬できますか?耐寒温度はどれくらい?

野外で一年中栽培出来るブロメリアは限られています。プヤの種類やエクメア レクルバータ、ビルバージア ヌタンスなどは、雪が積もっても平気ですが、多くのブロメリアは、霜に当てると葉が凍って組織が死んでしまい、やがて枯れてしまいます。南米の熱帯雨林原産のブロメリアは、特に寒さを嫌います。冬場15度以上の最低温度が必要です。 筒型のタンクブロメリアは、冬場は水を溜めないで育てると耐寒性が増しますがカラカラに乾燥させすぎると枯れてしまいますのでこまめな観察が必要です。

Q3 室内で栽培する場合の注意点を教えてください

室内でインテリアとして需要が高いブロメリアの仲間たち、基本は、明るい太陽光の射し込む場所が最適です。赤く色付いたブロメリアも室内へ入れると日照不足でやがて葉の色が薄くなってきてしまいます。窓辺などは、一方向からの光の差し込みととなり、ブロメリア達は、光に向かって葉を伸ばしますので、時折、鉢を回転させたりと向きを変えると綺麗に育ちます。室内環境ではどうしても水不足となってしまいます。お風呂やベランダで全体的にたっぷりと水を与える様にしましょう。

Q4 ティランジアが長く育成させることが出来ない

ティランジアの多くの品種は、自然界では、ほぼ毎日、朝露で葉がビッショリと濡れています。昼にかけて風が吹き湿った葉もカラカラに乾きます。これの繰り返して成長しています。したがって長く育てることが出来無いのは、水不足と風通しです。一般的に水は要らないと思われがちですが、水が大好きです。 しかしながら、濡れても数時間のうちに乾いてしまう環境でないと、腐ってしまいます。

のQ&A

初心者でも簡単に育てられる品種が沢山あるブロメリアの仲間達、ほんの少しの手入れで面白いほどよく増えて群生したりします。基本は、水、通気性、光の3つの事柄を守れば上手に育っていただけるでしょう。

 栽培に肥料は必要ですか？

A 様々な植物は育てる上で肥料を与えるとよく育ちますが、ブロメリアに関しては、肥料を与えないで育てたほうが成長は遅いかもしれませんが上手く育ちます。一般的に肥料を与えると早く花が咲いてしまい従って短命となります。葉に栄養と窒素成分の肥料を与えると葉が間延びしたり、苔が生え易くなりますので、肥料は与えないでじっくりと育てるのをお勧めいたします。

 ブロメリアがかかる病気や害虫の種類を教えてください

A 手を抜くと病害虫に侵されてしまう薔薇の仲間とは違い、とても丈夫なブロメリアが多いですが病害虫の被害は主に、葉に粒々のカイガラムシの発生や、ハダニ、ナメクジなどの害虫の他、病原菌による菌で腐ってしまう事もあります。その他、夏場の直射日光による葉焼けなどの高温障害や冬場の低温障害があります。

 病気や害虫の予防やもしかかってしまった場合の対策方法を教えてください

A 沢山のブロメリアを密集させて育てていると風通しが悪くなりカイガラムシやハダニが発生します。一度発生すると根絶するのは難しく他のブロメリアとは隔離しなくてはなりません。見つけた場合は、カイガラムシの場合はピンセットや割り箸で葉を傷つけない様に丁寧に取り除きます。ハダニは、水を嫌い濡れにくい葉裏に居ます。見つけ次第ホースのジェット水流で弾き飛ばすと良いです。ナメクジは夜行性の為、日中は鉢底や葉の間に潜んでいる事が多く、箸やピンセットで取り除きます。菌に侵された場合は、市販の殺菌剤で治療しますが、通気を良くして病気にさせないことが大切です。

 テラリウムでおすすめの種類を知りたい

A 比較的水が好きな品種がオススメです。全てのクリプタンサスや小型のネオレゲリアがテラリウム水槽内での育成に適しています。特にクリプタンサスの仲間は、鉢植え管理よりも水槽内で育てた方が遥かに生育が良いです。背の高いテラリウム水槽では、南米産の寒さに弱い樹上性のネオレゲリア ペンデュラの仲間などが上手に育てられるでしょう。

Chapter 4
ブロメリアのアレンジ

ブロメリアは鉢植えだけではなく、さまざまな方法で栽培をすることができる。ここではそんなさまざまなアレンジを紹介。インテリアに最適なアレンジを加えて、美しいブロメリアライフを堪能しよう。

ARRANGE
| 01 |

流木を使った
ポット種の吊り下げアレンジ

レイアウト制作／友野 京

用意するもの

流木に穴をあけるための電動ドリルやブロメリアを活着させるためのテグス、タイトロープ。流木を吊るすために必要なワイヤー。

ブロメリアのサイズに合わせた流木。生長や吊り下げることを考慮して枝状のものが相性がよい。

ホームセンターや園芸店でも容易に入手できる水苔。使用しなくても育成は可能だが使用することで保水力は高まる。

手順

枝状流木の先端に吊り下げ用ワイヤーを通すための穴を空ける。

吊り下げる場所に合わせた長さにワイヤーをカット。先端は掛けやすいように曲げる。

流木と付ける場所を合わせながら決めていく。

ブロメリアの根元部分に水苔を根をくるむように包み込む。

水苔をタイトロープで巻き付ける。テグスなどでもよい。

余ったタイトロープをカットして完成。

Chapter 4
ブロメリアのアレンジ

流木に活着させたブロメリアはインテリアとしても高いパフォーマンスをもつ。
日中は屋外や日の当たる窓辺で管理して、夜間は室内で楽しむ。そんなスタイルもよい。

Chapter 4
ブロメリアのアレンジ

ARRANGE
| 02 |

タンク種の寄せ植えアレンジ

レイアウト制作／友野 京

用意するもの

ブロメリアのサイズや植栽する数に合わせて好みの鉢を用意。

鉢で栽培の場合には通水性を高め、根腐れも抑制させる軽石を使用するのもよい。

ヤシガラを繊維粉末状に加工させた床材であるココピート。ブロメリアの鉢での栽培の際によく用いられる。

手 順

鉢のサイズにあわせて高さの異なるタンク種2種と前景につかうクリプタンサスをチョイス。

鉢底ネットを敷いた鉢に軽石を敷く。事前に洗っておけば粉末の浮遊を抑制できる。

高さのある種類を最初に配置して全体のバランスをイメージする。

隙間にココピートを入れながらブロメリアを植栽していく。

高さの違う種を前後に植栽することで立体感のある仕上がりに。

右手前に高さのないクリプタンサスを植栽して完成。

Chapter 4
ブロメリアのアレンジ

ARRANGE
| 03 |

グラウンド種の寄せ植えアレンジ

レイアウト制作／友野 京

用意するもの

背の低いグラウンド種をメインに植栽するので遊び心のある楕円形の鉢を用意。

クリプタンサスやディッキアなどあまり背の高く成長しない種をメインに使用。

軽石の代わりにハイドロリウム用のハイドロボールを使用してもよい。

床材には赤玉土を使用。さまざまなサイズがある。

手順

軽石にはさまざまなサイズがある。大きめの粒の方が嵩を作ることが少ない量でできる。

まずは用意したブロメリアを鉢のまま配置してイメージを考える。

元の鉢の根が伸長した用土をそのまま使用してもよい。

手前部分にグラウンド種を植栽していく。

すき間部分に赤玉土を敷いてすき間をなくしていく。

上からも横からも観賞が楽しめる寄せ植えが完成した。

Chapter 4
ブロメリアのアレンジ

ARRANGE
| 04 |

小型容器で楽しむアレンジ

レイアウト制作／友野 京

用意するもの

容器には植物育成に特化させたLEDライトと小型容器がセットになったビオシス（ゼンスイ）を使用。

容器のサイズに合わせた小ぶりの枝流木。

床材には赤玉土を使用。多くの植物の栽培に使用できる。

容器のサイズにあわせて小ぶりのブロメリアを用意。

ブロメリアレイアウトに緑を添えるコケの仲間も用意した。

手順

容器に赤玉土を敷いていく。全体に万遍なく均一になるように慣らしていく。

枝流木にテグスを使ってブロメリアを巻き付ける。根元には水苔も使用。

容器の中央に流木を配置しながら全体のレイアウトを考えていく。

背面部分にコケを敷くように配置していく。

ブロメリアの植栽には先端の細いピンセットがあると便利。

前後左右にバランスを見ながらブロメリアを植栽していく。

LEDライトを点灯させれば完成。屋内栽培も可能なインテリアとなる。

ARRANGE
| 05 |

流木を使った
ティランジアアレンジ

レイアウト制作／友野 京

用意するもの

流木で吊り下げアレンジを手軽に楽しむには電動ドリルがあると便利。

小型サイズのティランジアとサイズに合わせた小ぶりの流木。

手 順

流木に吊り下げ用のワイヤーを通す穴を空ける。取り扱いには注意して。

ワイヤーを空けた穴に通し、掛ける場所に合わせた長さにカットする。

ティランジアを巻き付ける細めのワイヤーを通す穴を2か所空ける。

左右に穴が空いたのが分かる。付ける個体のサイズに合わせて行う。

根元をワイヤーで固定させる。

ワイヤーを流木の後ろで結んだら余ったワイヤーをカットして完成。

Chapter 4
ブロメリアのアレンジ

Chapter 4
ブロメリアのアレンジ

さまざまなアレンジで楽しめるのがティランジアの大きな魅力。インテリアとしても素敵な空間を簡単に作り出す。

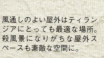

風通しのよい屋外はティランジアにとっても最適な場所。殺風景になりがちな屋外スペースも素敵な空間に。

複雑な形状をした流木はティランジアのレイアウトにぴったり。いろいろな種類を配置してコロニー風レイアウトを楽しみたい。

用土がなくても栽培できるので貝殻などと組み合わせることも可能。存在感あるインテリアが完成。

ARRANGE
| 06 |

水槽を使った
テラリウムアレンジ

レイアウト制作／小野健吾（ゼロプランツ）

用意するもの

通水性に優れ、植物の根腐れなども抑制できるハイドロボール。底面部分に使用する。

床材および造形材としてテラリウム専用の造形材、造形君（ピクタ）を使用。

レイアウトの骨組みを構成する流木。立体的で自然感あふれるレイアウトを制作するためには不可欠なアイテム。

コケを配置したり、レイアウトの土台にもなる溶岩石。

コケの仲間もレイアウトに自然感を増すことができる欠かせない植物。

シダの仲間などブロメリア以外の植物も用意した。

ブロメリアは小型サイズのタンク種、グラウンド種ともバランスよく用意。

吸水、保水性に優れたフォーム材、植えれる君（ピクタ）従来のフォーム材より硬質で崩れにくい。

LEDライト（コトブキ工芸）植物栽培に効果的な明かりをもたらしてくれる。

排水口や天板にはミストノズルを固定させる穴も標準装備されたスクエアケージ・プロ（ゼロプランツ）

Chapter 4
ブロメリアのアレンジ

手順

排水口部分に土や小石が流れださないようにカットした鉢底ネットをセット。

ハイドロボールを全体的に万遍なく敷いていく。

ハイドロボールの上に床材と混ざらないようにウールマットを薄くのばしたものなどを敷いていく。

造形床材は水と混ぜて、適便の硬さに調整をする。

ウールマットの上に造形床材を敷いていく。

底面全体に造形床材が敷かれた状態。

背面に使用するフォーム材はイメージに合わせてカッターでカットしていく。

左右を高く、谷型といわれる形でフォームをカット。

フォームに造形床材を塗るような要領で全体に塗布していく。

フォーム材が隠れるように塗り終えたら土台部分は完成。

容器のサイズに合わせて選んだ流木を全体のイメージを考えながら組んでいく。

流木の根元部分は固定させるために造形床材で埋めていく。

レイアウトが決まったら流木同士はビニ帯などで固定させる。

流木の作る造形にそう形でブロメリアを配置。

配置したブロメリアはビニ帯で流木と固定。根本を水苔で包んでもよい。

手前にはグラウンド種のクリプタンサスを植栽。

造形床材がむき出しになっている部分はコケを配置していく。

自然観を演出させるためにポイントごとにシダなど他の植物も植栽。

水草などのアクアリウムで使用されるキューバパールグラスの地上葉も前景に使用。

仕上げに全体に霧吹きを。霧吹きは毎日行うようにしたい。

落ち葉を散らしたらレイアウト完成。ジャングルを切り取ってきたかのような景観が美しい。

ジャングルの宝石ともよばれるヤドクガエルも合わせて収容させた。

108

Chapter 4
ブロメリアのアレンジ

オーバル形状のガラス容器を使用した
コケリウムアレンジ。床材にはソイル
を使用して手軽に楽しめる小型のテラ
リウムアレンジとなっている。

大型の爬虫類ケージを使用して制作された迫力満点のレイアウト。底部分は水もはったアクアテラリウムとして作られているので保水性に非常に優れている。

コケそっくりの容姿がとても可愛いベトナムコケガエルを収容している。

Chapter 4
ブロメリアのアレンジ

レイアウト中央にそびえるブロメリアが存在感抜群のレイアウト。小型サイズでありながら植物育成に特化した機能をもつ専用ケージVR30（アリオンジャパン）を使用。

Chapter 4
ブロメリアのアレンジ

メダカの飼育を同時に行うアクアテラリウムの作品。左右に配置された流木の作る動きのあるレイアウトにブロメリアが調和している。

Chapter 5
ブロメリアを求めて

南米や北米などアメリカ大陸やその周辺諸島を中心に分布するブロメリアの仲間。ここでは自生地でのブロメリアの姿を写真とともに紹介していく。どんな環境で自生しているのか、遠い異国の地に思いを馳せて誌上トラベルをしてみよう。

ブロメリアを求めて

ヘクチア自生地風景、
サボテン、アガベ ストリクタ、
ユッカ、ダシリリオンなどと
混生している
(2014年メキシコ)

ティランジア シルシンナイデス（写真右、中）
ティランジア カリファニー開花株（写真左）
（いずれも2014年メキシコ）

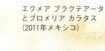

標高5000メートル前後の
高地に自生するブロメリア
最大種、プヤ ライモンディー
（2011年ペルー）

美しい花を咲かせる
ティランジア フェンドレリー
（2011年ペルー）

Go in search of "Bromelia"

エクメア ブラクテアータ
とブロメリア カラタス
（2011年メキシコ）

ブロメリアを求めて

木に着生するティランジアの王様、キセログラフィカ
(2017年グアテマラ)

ティランジア イオナンサ
(2017年グアテマラ)

ティランジア ストレプトとブルボーサ
(2017年ベリーズ)

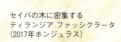

セイバの木に密集する
ティランジア ファッシクラータ
(2017年ホンジュラス)

Go in search of
"Bromelia"

ブロメリアを求めて

プヤ sp.（2016年ボリビア）

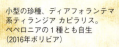

Go in search of
"Bromelia"

小型の珍種、ディアフォランテマ系ティランジア カピラリス。ペペロニアの1種とも自生（2016年ボリビア）

エクメア ヌーディカウリス、
ティランジア フレキシオーサ
とファッシクラータ
（2016年ボリビア）

ティランジア テクトラムの群生
（2014年エクアドル）

リーマニー、ラティフォリア、
テクトラム、ミマ、プヤなど
さまざまな種が混生する自生地
（2014年エクアドル）

大型珍種ティランジア
リーマニー開花株
（2014年エクアドル）

ブロメリアを求めて

ティランジア ラティフォリア
（2014年エクアドル）

大型地上種のティランジア セクンダ
（2014年エクアドル）

ティランジア ディスティカと
ティランジア ラシナエアsp.
（2014年エクアドル）

Go in search of
"Bromelia"

ティランジア ストラミネア
（2014年エクアドル）

REPORT IN Keis Bromeliads

国内最高保有数を誇る大型温室でさまざまな個体の管理を行う。

本書、監修・著者をつとめる友野京氏が主宰するケイズブロメリア。
まるで熱帯ジャングルに迷い込んでしまったかのように
豊富な保有数を誇る温室に訪れてみた。

温室の全景。左にみえる木はヒマラヤ杉。

温室内は4層構造。種類に応じて管理場所を変えている。

本書著者でもあるケイズブロメリアの代表友野京さん(写真右)とスタッフの谷口隼さん(写真左)、水やりなど管理もこれだけの数があると大変な作業となる。

グアテマラから直輸入したティランジア・キセログラフィカ(Tillandsia xerographica) エアプランツの王様とも称される希少な人気種。

保有品種数は約1500種。数多くの品種が状態よく管理されている。その景観はさながら熱帯地方に迷い込んでしまったかのよう。

　豊富な種類のブロメリアたちが4層で構成された温室内で管理されている。その品種数は約1500種。希少な品種も決して少なくはない。品種の好む日照条件に合わせて、明るい光りを好む種は上層に、日陰など強い陽射しが苦手な種は下層にて管理を行っている。
　残念ながら一般の温室の訪問は受け付けていないが通販サイトやオークションサイトでの販売や近年高い人気を集めている爬虫類イベントへの出店も積極的に行っており、ケイズブロメリアが誇るブロメリアの数々を購入することができる。販売されるブロメリアはどれも海外のファームなどから直輸入されたものを温室でしっかりと立ち上げて状態を安定させてから販売をおこなう。これもブロメリアマニアとして20年以上の年月を費やしてさまざまな経験と知識を培ってきた友野さんならではのこだわりだといえるだろう。ぜひ本書を手に取り、ブロメリアに興味を抱いていただけたのであればぜひ色彩や形状のバリエーションが豊富なブロメリアの育成を始めてみてはいかがだろうか？(文／鶴田賢二)

ケイズブロメリアでは専用サイトでもブロメリアの販売を行っている。

植物名さくいん

ア
- アルカンタレア — 064
- アルカンタレア・インペリアリス — 064
- アルカンタレア・ピニカラー — 064
- アルカンタレア・ブラジリアーナ — 064

エ
- エクメア — 033
- エクメア・エンサイン — 033
- エクメア・コリンボサ ディスカラー — 036
- エクメア・コレイア アラウジョイ — 035
- エクメア・シャンティーニ — 033
- エクメア・ショウゲン — 035
- エクメア・シルバーストリーク — 034
- エクメア・トカンチーナ — 036
- エクメア・ヌーディカウリス — 033
- エクメア・ファッシアータ — 035
- エクメア・プルプレオロゼア — 036
- エクメア・ペレズ — 034
- エクメア・メディオピクタ — 034
- エクメア・メンド — 034
- エクメア・ラケット — 036
- エクメア・レインボー — 033
- エクメア・ロイヤル ワイン — 035

エドムンドア
- エドムンドア — 067
- エドムンドア・リンデニー — 067

エンコリリューム
- エンコリリューム — 066
- エンコリリューム・スピーシーズ オーランディアナ — 066
- エンコリリューム・スペクタビレ — 066
- エンコリリューム・ホリダム — 066

オ
- オルトフィタム — 062
- オルトフィタム・グラブルム — 062
- オルトフィタム・グルケニー — 062
- オルトフィタム・マザーロード — 062
- オルトフィタム・レッドフロスト — 062
- オルトフィタム・レメイ — 062

カ
- カトプシス — 061
- カトプシス・スプラータ — 061
- カトプシス・パニクラータ — 061
- カトプシス・ベルテロニアーナ — 061
- カトプシス・モレニアーナ — 061

カニストラム
- カニストラム — 060
- カニストラム・アゥランティアクム — 060
- カニストラム・アラゴアナム — 060
- カニストラム・セイデリアナム — 060
- カニストラム・トリアングラレ — 060
- カニストラム・フォステリアナム — 060

ク
- グズマニア — 044
- グズマニア・アイスクリーム — 044
- グズマニア・カポボ ファイヤー — 045
- グズマニア・サンギネア×ウィットマッキー — 045
- グズマニア・ディエス アルボ — 045
- グズマニア・フェスタ ハイブリード — 045
- グズマニア・マグニフィカ — 044
- グズマニア・リングラータ レッド — 044
- グズマニア・リンデニー — 044

クリプタンサス
- クリプタンサス — 048
- クリプタンサス・アブソリュートゼロ — 052
- クリプタンサス・アルギロフィラス — 052
- クリプタンサス・アルテルネーティング カリエント — 050
- クリプタンサス・アレリー — 051
- クリプタンサス・エライン — 048
- クリプタンサス・ジェニファー — 051
- クリプタンサス・スターシャイン — 050
- クリプタンサス・スリラー — 052
- クリプタンサス・ディナスティ — 048
- クリプタンサス・テルマ オ レイリー — 048
- クリプタンサス・ドレル — 050
- クリプタンサス・ドン ギャリソン — 051
- クリプタンサス・ハイホーシルバー — 052
- クリプタンサス・ピクニック — 051
- クリプタンサス・ピンク スターライト — 049
- クリプタンサス・ポメグラナータ — 049
- クリプタンサス・マックドリーミー — 050
- クリプタンサス・ムーン リバー — 048
- クリプタンサス・ロウ トラハン — 049
- クリプタンサス・ワーレンルーゼイ — 049

ケ
- ケスネリア — 058
- ケスネリア・チュピフォリア — 059
- ケスネリア・ファロ — 059
- ケスネリア・フミリス — 059
- ケスネリア・マルモラータ — 058
- ケスネリア・ラファエル オリベイラ — 058

テ
- ディッキア — 053
- ディッキア・アイス — 055
- ディッキア・アリゾナ×コリスタミネア×ブリットスター×ペイレン — 055
- ディッキア・カリフォルニア — 053
- ディッキア・ガルガントゥア — 056
- ディッキア・シルバーバック — 055
- ディッキア・トゥシー — 054
- ディッキア・フォステリアーナ — 054
- ディッキア・ブラックアイス — 057
- ディッキア・ブリットラスター — 056
- ディッキア・ブレビフォリア — 053
- ディッキア・ベティ ギャリソン — 057
- ディッキア・ホワイト ファング — 056
- ディッキア・マグニフィカ — 054
- ディッキア・ミスト — 053
- ディッキア・ラド クタック — 057
- ディッキア・ラリー ザ チョッパー — 057
- ディッキア・リネアリフォリア — 055
- ディッキア・レッドリッパー — 053

ティランジア
- ティランジア — 074
- ティランジア イオナンサ — 075
- ティランジア キセログラフィカ — 074
- ティランジア スイートイザベル — 075
- ティランジア ストレプトフィラ — 076
- ティランジア ディスティチャ — 076
- ティランジア セレリアナ — 074
- ティランジア ディアグイテンシス — 075
- ティランジア ドゥラティ — 077
- ティランジア ノバキー — 077
- ティランジア フンキアナ — 077
- ティランジア ストラミネア シックリーフ — 077
- ティランジア ラティフォリア ディバリカータ — 076

デウテロコニア
- デウテロコニア — 065
- デウテロコニア・ブレビフォリア ssp キロランサ — 065
- デウテロコニア・ロレントザイアナ — 065

ニ
- ニドゥラリューム — 070
- ニドゥラリューム・イノセンティー — 070
- ニドゥラリューム・プロセルム — 070
- ニドゥラリューム・レプロサ — 070

ネ
- ネオグラジオピア — 069
- ネオグラジオピア・パールマルクシー — 069
- ネオグラジオピア・バリエガタ — 069
- ネオレゲリア — 018
- ネオレゲリア・P.H.I.T.S — 029
- ネオレゲリア・アイスホワイトリパー — 031
- ネオレゲリア・アルパインローズ — 028

ネオレゲリア・ウィルソニアーナ ……… 018
ネオレゲリア・ウィルソニアーナ レッド … 018
ネオレゲリア・ウォーキングトール ……… 027
ネオレゲリア・エッチ ア スケッチ ……… 019
ネオレゲリア・エンチャントメント ……… 020
ネオレゲリア・オレンス×クレンタ ……… 031
ネオレゲリア・カウツスキー ……… 025
ネオレゲリア・カクテル ……… 019
ネオレゲリア・ガスパチョ ……… 021
ネオレゲリア・クリストファーロビン ……… 022
ネオレゲリア・クレンタ ルブラ ……… 031
ネオレゲリア・ゴールドフィーバー ……… 023
ネオレゲリア・サーメントーサ×フォスぺリオール … 026
ネオレゲリア・シェルダンス ……… 025
ネオレゲリア・シンコパテ ……… 030
ネオレゲリア・スウィートシング ……… 032
ネオレゲリア・スーパーアステカ ……… 023
ネオレゲリア・スパニッシュサンセット ……… 031
ネオレゲリア・スポット&ドット ……… 024
ネオレゲリア・ダンシアーナ ……… 020
ネオレゲリア・チェックメイト ……… 032
ネオレゲリア・ドミノ ……… 019
ネオレゲリア・トレードマークス ……… 019
ネオレゲリア・トレジャーチェスト ……… 029
ネオレゲリア・トロピカルツイスト ……… 024
ネオレゲリア・ハーツ デザイヤー ……… 031
ネオレゲリア・パープル グレイズ ……… 031
ネオレゲリア・パープルジェム ……… 030
ネオレゲリア・ハイボルテージ ……… 025
ネオレゲリア・パウシフローラ ……… 020
ネオレゲリア・パウシフローラ ラージクローン … 022
ネオレゲリア・ピアンカ ……… 026
ネオレゲリア・ビッグチェリー×コンパクタ … 028
ネオレゲリア・ピンギ ……… 023
ネオレゲリア・ファイヤーボール ……… 018
ネオレゲリア・フィッシュネット ……… 032
ネオレゲリア・ブードゥードール ……… 021
ネオレゲリア・ブラック サテン ……… 023
ネオレゲリア・ブラッシングタイガー ……… 022
ネオレゲリア・ブルーベリーパイ ……… 030
ネオレゲリア・フレディ ……… 032
ネオレゲリア・プンクタティシマ ……… 027
ネオレゲリア・ぺミエント ……… 029
ネオレゲリア・ペンディキュラ バー プレビフォリア … 026
ネオレゲリア・ペンディキュラ バー ペンディキュラ … 027
ネオレゲリア・マドリード ……… 021
ネオレゲリア・モーレアナ ……… 027
ネオレゲリア・モロナ ……… 018

ネオレゲリア・ラバ フロー ……… 024
ネオレゲリア・ランニングレッドリバー ……… 030
ネオレゲリア・リトル ボディシャス ……… 022
ネオレゲリア・リラ ……… 028
ネオレゲリア・リング オブ ファイヤー ……… 029
ネオレゲリア・ルブロビッタータ ……… 025
ネオレゲリア・レオ ……… 021
ネオレゲリア・ロゼオ リネアータ ……… 026

ヒ
ビルバージア ……… 037
ビルバージア・アモエナ ルブラ ……… 040
ビルバージア・アリソン シル ……… 040
ビルバージア・ウォーターメロンマン ……… 038
ビルバージア・エレガンス ……… 039
ビルバージア・オレンジ シャーベット ……… 040
ビルバージア・カサブランカ ……… 039
ビルバージア・グラスホッパー ……… 037
ビルバージア・グルーヴィ ……… 038
ビルバージア・サンデリアーナ ……… 037
ビルバージア・シンパティコ ……… 039
ビルバージア・ダースベイダー ……… 037
ビルバージア・ディアブロ ……… 040
ビルバージア・ノベナ ……… 037
ビルバージア・ファンダンゴ ……… 039
ビルバージア・フメルズ ファンタジア ……… 038
ビルバージア・ベルルー ……… 041
ビルバージア・マンダーズ オセロ ……… 041
ビルバージア・ムリエルウォーターマン ……… 038
ビルバージア キャサリーンウィルソン×ドミンゴマーティンス ……… 041

フ
ファーンシーア ……… 068
ファーンシーア ボカイネンシス ……… 068
プヤ ……… 072
プヤ・スピーシーズ ……… 072
プヤ・ラクサ ……… 072
フリーセア ……… 042
フリーセア・ギガンティア ……… 043
フリーセア・ノバ ……… 043
フリーセア・バガンス ……… 042
フリーセア・フランメア ……… 043
フリーセア・ポタフォゲンシス ……… 042
フリーセア・ラシナエ ……… 042
フリーセア・ラファエリー ……… 042
フリーセア・レッドチェストナット ……… 043
プロメリア ……… 071

プロメリア・アレナリア ……… 071
プロメリア・フミリス ……… 071

ヘ
ヘクチア ……… 063
ヘクチア・アルゲンテア ……… 063
ヘクチア・グラウカ ……… 063
ヘクチア・ステノペタラ ……… 063
ヘクチア・ティランドシオイデス ……… 063
ヘクチア・ロゼア ……… 063

ホ
ホヘンベルギア ……… 046
ホヘンベルギア・エドムンディ ……… 046
ホヘンベルギア・エドムンディ レッドフォーム … 046
ホヘンベルギア・カーラ ……… 046
ホヘンベルギア・フミリス ……… 046
ホヘンベルギア・ベスティタ ……… 047
ホヘンベルギア・ペンナエ ……… 047
ホヘンベルギア・ペンナゴ×レメイ ……… 047
ホヘンベルギア・レオポルドホルスティー ………
WB×ホヘンベルギア ベスティタ ……… 047
ポルテア ……… 073
ポルテア・ナナ ……… 073

〔監修者紹介〕
友野 京（とものけい）

1971年千葉県生まれ。Kei's Bromeliads代表。柏諏訪神社 権禰宜。日本ハイビスカス協会理事。数々の新品種を作出。著書に「ヘビの本」（リアルエステイト研究所）がある。

STAFF

表紙・本文デザイン	横田和巳（光雅）
写真撮影	佐々木浩之、平野 威
編集・執筆	鶴田賢二（クレインワイズ）
	平野 威
監修・執筆	友野 京（ケイズブロメリア）
写真協力	谷口 隼（ケイズブロメリア）
モデル	友野 花恋
企画	クレインワイズ

ブロメリア
美しいブロメリアの世界

2019年5月5日　初版発行

発行者	笠倉伸夫
発行所	株式会社笠倉出版社
	〒110-8625　東京都台東区東上野2-8-7 笠倉ビル
	☎0120-984-164（営業・広告）
印刷所	株式会社光邦

©KASAKURA Publishing Co,Ltd. 2019 Printed in JAPAN
ISBN978-4-7730-8929-5

万一乱丁・落丁本の場合はお取りかえいたします。
本書の無断複写・複製・転載を禁じます。